매듭

매듭

강연희 수필집

발행일 2025년 10월 30일 초판 1쇄

지은이 강연희
펴낸이 정연순
펴낸곳 나무향
편 집 이우석
주 소 서울 광진구 자양로 28길 34, 드림스페이스 501호
전 화 02-457-2815, 010-2337-2815
메 일 namuhyang2815@hanmail.net
저작권자 ©2025 강연희
출판등록 제2017-000052호

가격 15,000원
ISBN 979-11-89052-10-2 (03810)

• 잘못 인쇄된 책은 바꾸어 드립니다
• 이 책은 저작권법에 따라 보호를 받는 저작물이므로 무단 전재와 복제를 금합니다

매 듭

강연희 수필집

나무향

| 책을 펴내며 |

　　인생의 하루를 열고 닫으며, 나는 지금 어느 지점에 와 있는지를 되돌아봅니다. 지나온 길마다 눈에 보일 듯 말 듯한 크고 작은 매듭을 만들며, 그것들을 다독이고 안아주며 살아왔습니다. 버렸다고 생각했던 것들이 어느새 다시 내 곁에 돌아와 있는 걸 보면, 내가 해야 할 가장 어려운 공부는 결국 인생을 살아가는 일과 글을 쓰는 일이 아닐까 싶습니다.

　　근처 소나무 숲 길을 걸으면 마음이 잠잠해지고 여러 생각이 뭉게구름처럼 피어오릅니다. 소나무 사이에서 다양한 모습으로 새겨진 거미집은 세월의 고통과 슬픔을 모두 껴안고 있는 모습으로 보입니다. 거미줄 앞에서 오랫동안 서서 앞으로 내 인생에서 가장 소중하게 남은 일이 무엇일까를 생각해 봅니다.

　　글을 쓴다는 것은 자연과 일상 속에서 나를 찾아가는 일이었습니다. '나는 어떻게 살아가야 할 것인가'라는 질문 앞에 자주 멈추었습니다. 수필을 쓰는 시간은 삶을 성찰하고 마음을 다잡는 시간이었습니다. 고요와 균형을 회복하는 시간이었습니다. 글을 통해 인생과 세상의 모습을 다시 마주 보고자 했습니다.

　　언젠가 장가계 천문산 절벽에서 수없이 묶인 붉은 매듭들을 보며 인생살이에서 관계에 대해 생각해 본 적이 있습니다. 사람과 사람, 사람과 일, 사람과 자연 사이의 관계는 모두 삶의 실타래이자 하나의 매듭입니다. 잘 묶인 매듭은 단단한 연대가 되지만, 잘못 묶인 매듭은 때때로 인생을 송두리째 흔들기도 합니다. 풀리지 않는 관계의 매듭은 오래도록 가슴에 남아 상처를 만듭니다.

뒤돌아본 세월은 늘 아쉬움으로 가득합니다. 자신을 충분히 아끼지 못한 일, 가족에게 마음을 다하지 못한 일, 이웃에게 관용을 베풀지 못한 일, 맡은 일에 최선을 다하지 못한 일들이 떠오릅니다. 그런 마음이 남을 때마다 생각은 또다시 이어집니다. 이 모든 아쉬움과 그리움을 글로 매듭지어 보고자 하는 생각을 가졌습니다.

책의 제목을 '매듭'이라고 한 이유도 여기에 있습니다. 언제나 다시 찾아오는 내일과, 어딘가로 지나가는 바람과, 잊혀져가는 이름과 하나의 '매듭'으로 맺어지고 싶었습니다. 그리고 절망을 희망으로 바꿔주는 햇빛을 위해, 인생에서 나의 모든 것을 구원해 줄 문학을 위해 계속해서 매듭을 지을 것입니다.

출간을 앞두고 기대감보다 두려움이 앞섭니다. 모든 처음은 서툰 법이지만, 이 책에 실린 글들이 누군가에게 조용한 위로가 되기를 바랍니다. 책이 나오기까지 많은 분의 도움이 있었습니다. 삶의 뿌리가 되어 준 가족에게, 늘 곁에서 힘이 되어 준 지기들에게, 진심 어린 조언과 격려를 아끼지 않은 문우들에게도 고마움을 전합니다.

특히 글쓰기를 통하여 삶과 세상을 읽는 태도를 일깨워 주신 정목일 선생님과, 허상문 교수님께 깊이 감사드립니다. 선수필 발행인 정목일 선생님과 출판사 '나무향'의 정하정 주간님께도 따뜻한 배려에 고마움을 전합니다.

고달프고 힘든 삶의 어느 지점에서 생각의 매듭을 함께 짓는 시간이 되기를 바랍니다.

2025년 9월 강연희

| 추천사 |

마음의 실타래를 묶는 글, 삶의 매듭을 짓는 문장

정목일(선수필 발행인, 전 한국문인협회 부이사장)

살아가는 일은 매듭을 짓는 일이다. 풀리지 않는 마음을 묶고, 흩어지는 기억을 엮으며, 관계의 실타래를 조심스레 감아가는 일이다. 강연희 수필가의 첫 수필집 『매듭』은 바로 그 삶의 매듭을 단단하게 묶어낸 수필집이다.

제주의 바람과 햇살, 소금기 어린 기억들이 그녀의 문장 속에 스며 있다. '바람의 섬'에서 시작된 여정은 이층離層의 거리와 햇귀의 따스함을 지나, 배롱나무와 소금단지 같은 사물에 마음을 기대며 이어진다. 제주라는 공간을 삶의 감정을 담아내는 그릇으로 삼는다. 백모님과의 이별, 가시 같은 상처는 독자의 마음을 흔들며, 삶의 깊이를 되새기게 한다.

머리말에서 작가는 장가계 천문산 절벽에 묶인 붉은 매듭을 떠올리며, 사람과 사람 사이의 관계, 사람과 자연 사이의 연결을 삶의 실타래로 비유한다. 잘 묶인 매듭은 연대가 되고, 잘못 묶인 매듭은 상처가 된다. 이 책에 실린 글들은 그 매듭들을 하나씩 풀어내고, 다시 묶어가는 과정이다. 수필은 그녀에게 단순한 기록이 아니라, 삶을 성찰하고 마음을 다잡는 시간이다.

'산방굴사를 오르며' '새벽 불공' '봄꿈' 같은 글에서는 제주 불교 문화와 자연 속에서 피어나는 내면의 울림이 담겨 있다. '갓을 품다' '엄마의 무릎' '손난로'에서는 가족과 일상의 따뜻한 기억들이 조용히 펼쳐진다. 그녀는 사소한 사물과 순간을 통해 삶의 본질을 되묻는다. '소주 석 잔'과 '아버지 별'에서는 그리움과 회한이, '작은 기도'에서는 작은 희망이 피어난다.

마지막 부 '꿈꾸는 톨레도'는 그녀의 시선이 제주를 넘어 세계로 향하는 순간이다. 모네의 정원, 킨린코 호수, 동자석과 나목裸木 속에서 그녀는 여전히 제주를 품고 있지만, 그 시선은 더 넓은 세계를 향해 열린다. 그녀의 글은 공간을 넘고, 시간을 건너며, 결국 인간의 마음으로 돌아온다.

이 책은 삶의 고단함과 아름다움, 관계의 복잡함과 따뜻함, 그리고 글쓰기를 통해 자신을 찾아가는 여정이 담긴 한 권의 인생이다. 강연희 수필가는 제주어문학상, 선수필동인문학상, 아르코 문학창작발표지원 등 다수의 수상 경력을 통해 이미 문학적 역량을 인정받았지만, 『매듭』은 그 모든 경력보다 더 깊은 진심을 담고 있다.

독자는, 자신의 삶에도 수많은 매듭이 있었음을 깨닫게 될 것이다. 그리고 그 매듭을 풀고, 다시 묶으며, 자신을 돌아보게 될 것이다. 삶의 어느 지점에서, 이 책이 따뜻한 위로가 되고 그 위로가 또 하나의 매듭이 되어, 누군가의 내일을 단단하게 묶어주기를 바란다.

차
례

책을 펴내며 4
추천사 마음의 실타래를 묶는 글, 삶의 매듭을 짓는 문장 **정목일** 6
평   설 매듭과 공존의 윤리 - 강연희의 수필 세계
　　　　허상문(문학평론가, 영남대 명예교수) 217

1부 바람의 섬

바람의 섬　　　　　14
이층離層　　　　　 19
햇귀　　　　　　　 25
배롱나무를 품다　　 30
소금단지　　　　　 35
백모님과의 이별　　 41
가시　　　　　　　 45
여름 밤바다에서　　 51

2부 매듭

매듭	56
산방굴사를 오르며	61
새벽 불공	66
다른 이별	71
봄꿈	75
공짜 선물	80
동창들과의 만남	85
방패防牌	90

3부 갓을 품다

반딧이와의 인연　　　98
갓을 품다　　　103
내 인생의 내비게이션　　　108
천사 인형　　　113
엄마의 무릎　　　117
잊히지 않는 얼굴들　　　122
손난로　　　126
행복의 저울　　　130

4부 촛농꽃

촛농꽃	138
궤를 열며	143
마음의 시계	148
소주 석 잔	153
아버지 별	157
행복 공작소	162
작은 기도	167
떡집 할머니의 실수	172

5부 꿈꾸는 톨레도

모네의 정원	178
꿈꾸는 톨레도	183
동자석童子石	189
나목裸木	194
바람의 시간	199
섬이 보이는 풍경	203
음악으로 봄을 안으며	208
킨린코 호수에 남겨진 소망	213

1부

바람의 섬

바람의 섬

태풍 '송다'가 지나갔다.

어떤 힘으로도 제어할 수 없는 광풍과 폭우가 섬 전체를 집어삼켰다. 그칠 줄 모르는 호우에 섬이 떠내려갈 것 같은 불안감이 엄습했다. 태풍이 올 때면 섬에 살고 있다는 것을 실감한다. 바람을 끌어안고 바람이 부는 대로 살아가야 하는 섬이다.

바람이 없는 제주를 생각할 수 없다. 절기마다 세기와 방향과 온기가 다른 바람이 분다. 바람은 늘 섬을 휘감는다. 섬을 떠나서 육지에서의 정체되고 건조한 삶을 마주할 때면 비로소 제주의 바람이 그리워진다. 기나긴 세월을 함께한 바람이다. 뼛속까지 제주인인가 보다.

저 바람은 어디에서 시작되어 제주까지 달려온 것일까. 제주까지 달려온 바람이 육지를 거쳐 북쪽으로 내달음치는 것 같다. 영등할망이라 불리는 영등신으로부터 바람이 시작된 것인가. 영등신은 음력 이월 초하루부터 보름까지 제주에 머문다. 섬 전체를 둘러

보며 혹독한 겨울을 쫓아 보내고 생동하는 봄의 기운을 불러들인다. 겨울의 꼬리를 잘라내고 봄의 문을 활짝 열어준다. 땅과 바다에 새로운 생명의 씨앗을 뿌려주는 바다의 여신이다. 바람을 내어주어 풍요를 기원하는 바람의 여신이다. 영등신은 죽은 것을 살려내고 살아 있는 것을 번성하게 하는 의로운 여신이다. 모성 본능이 있는 여신이라 넉넉한 품을 내보이는 터이다.

제주에서는 영등할망이 머무는 동안에 여러 가지 금기가 행해진다. 영등신은 삶 가까이에서 친숙하게 모셔져 왔다. 영등할망을 반갑게 맞이하는 환영제와 정중히 보내드리는 의미를 담은 송별제인 영등굿을 지내는 풍습이 섬 곳곳에 남아 있다. 해상 활동이나 농사 같은 생업에서 손을 놓는다. 혼례식도 하지 않았고 제사가 있는 집에서는 영등할망 몫으로 밥 한 그릇을 따로 올렸다고 한다. 영등신이 머무는 기간의 날씨에 따라 한 해의 풍작과 흉작의 예보로 받아들여 그를 대비하기도 했다.

어릴 적 기억이 아슴푸레 떠오른다. 어머니는 햇볕이 좋은 때 장독대의 항아리 뚜껑을 열고 해거름 전에 닫았다. 영등할망이 머무는 영등달(음력 이월)에는 잿빛 하늘에 비바람이 잦아서 항아리 뚜껑을 열지 않았다. 일 년 동안 정성으로 보듬는 장독대에는 된장, 간장, 고추장 항아리와 멜젓, 자리젓, 마늘장아찌 항아리가 놓여 있다. 김장김치와 통째로 염장한 고등어와 마른미역, 다시마, 소금을 보관하는 항아리도 있었다. 일 년 동안 끼니를 마련할 때

쓰이는 보물 같은 원재료이다. 장독대에는 원재료가 곰삭는 시간과 항아리 뚜껑을 여닫는 횟수보다 녹진한 어머니의 정성이 무르익었다. 장독마다 가족을 향한 끈끈한 모성이 그대로 녹아내렸다.

그 시절에는 홑청을 끼운 요와 이불을 사용했다. 눈이 시리도록 하얀 이불 홑청을 위해 어머니의 다듬잇방망이의 분주한 소리가 담장을 넘었다. 규칙적이고 셈여림이 깃든 다듬이소리에는 어머니의 한숨과 눈물이 젖어 있어 처량하게 들렸다. 가슴속에 사무친 여인의 한을 다듬이소리로 허공을 갈랐다. 영등달에는 구름 뒤로 해가 숨은 날이 많고 비바람이 거센 날씨 때문에 홑청 빨래를 하지 않아서 다듬이소리가 들리지 않았다.

제주는 일 년에 몇 차례 외로운 섬이 된다. 태풍이 빈번한 여름철과 폭설이 내리는 겨울철에 절해고도가 되는 게 숙명이다. 강풍과 돌풍의 영향으로 하늘길과 바닷길이 막혀 침묵하는 섬이 된다. 뭍을 향한 그리움만 가슴에 사무친다. 바다 너머로 내달리고 싶은 간절한 소망을 품곤 했다. 뭍이 아니어서 어찌할 수 없는 섬의 한계를 느끼곤 한다. 그렇지만 사람들은 외로움과 그리움을 가슴속에 꼭꼭 담아 두었다.

태풍은 태초로부터 시작해서 현재는 물론 아득한 미래에도 끊임없이 다가올 것이다. 지구 온난화가 낳은 기후 변화로 자연재해가 극심하다. 인간이 막을 수 있는 한계를 벗어나 위력이 기록적이고 기세등등하다. 자연재해는 자연훼손을 일삼는 인간에게 자연이 내리는 준엄한 경고가 아닐까. 제주 사람들은 태풍을 이겨내는 삶을 살아가기 위해 안간힘을 쓰고 있다.

비바람을 동반한 태풍은 냇가의 담장에도 흔적을 남겼다. 냇가의 담장은 현무암의 크고 작은 구멍마다 빗물을 축축이 머금어 더욱 까맣다. 검은 현무암은 제주 사람들의 아픈 가슴을 보여주는 듯하다. 흑색의 돌담과 습기를 품은 나무들의 짙푸른 초록이 선명하게 대비된다. 초록의 나무에서 비릿한 향기를 들이마신다. 말차末 茶를 마실 때의 향 같다. 온몸에 숲의 향기가 스민다. 나무는 태풍에 견뎌내기 위한 자연 치유로 발산하는 항균 물질을 욕심껏 내뿜은 모양이다. 사람을 위해 이로운 성분을 말이다. 흠뻑 젖은 흙 내음이 신산하다. 자연이 내어주는 선물이다.

태풍이 지나간 냇가 바닥에는 생명력이 강한 잡초들이 시새우며 자랐다. 잡초들은 물길에 휩쓸려 길게 누웠다. 냇가의 물은 무엇이 그리 급한지 머무름 없이 바다를 향해 내달린다. 붙잡을 수 없는 세월처럼 무심하다. 냇가는 폭우가 내렸다는 게 믿기지 않을 만큼 바닥을 드러낸다.

건천은 현무암으로 형성된 제주 하천의 독특한 모습이다. 민낯의 바닥을 드러내 보이는 냇가를 볼 때마다 꾸밈없이 살아가는 제주 사람을 떠올린다. 투박하지만 치열하게 삶을 살아가는 사람들이다. 제주 사람들은 바람이 부는 대로 몸을 맡기고 물이 흐르는 대로 세월을 싣고 살아간다. 거역할 수 없는 자연에 순응하며 살아간다.

　바람은 머무르지 않고 끝없이 이동하며 변화를 이끌어낸다. 변화는 사람들의 생각의 방향을 바꾸고 사유의 깊이를 만드는 힘이 된다. 오늘보다는 나은 내일을 꿈꾸게 한다. 인생은 제주의 거친 맞바람을 마주하고 걸어가는 일이다. 예측할 수 없는 시련과 고통은 혹독한 바람으로 다가온다. 삶은 끊임없이 휘몰아치는 바람 앞에서 고난을 딛고 일어설 수 있는 지혜를 찾아가는 일인지도 모른다. 살아가면서 감내하기 힘든 바람을 이겨낼 때마다 조금씩 너른 품을 지니게 된다.

　오늘도 제주에서는 신명 나게 한줄기 바람이 불어온다. 그 속에는 슬픔과 기쁨, 빛과 어둠이 함께 담겨 있다. 바람과 함께 바다도 하늘도 땅도 춤을 춘다. 이제 바람이 오면 오는 대로 가면 가는 대로 내버려두어야겠다. 내 마음도 바람과 함께 흔들리다가 제자리를 찾아올 수 있도록.

　어디에선가 바람이 섬을 휘감고 지나간다.

이층 離層

 지천으로 가을 색이 짙어진다. 한껏 꿈을 키울 수 있게 높아진 하늘과 색과 빛이 바랜 태양이 을씨년스러운 계절이다. 아파트 정원의 힘없는 나무들과 신록이 사라진 근린공원의 스산한 풍경은 허허롭다. 머잖아 붕어빵을 만드는 포장마차 속에서는 열기가 나고, 사람들의 두툼해진 옷차림에서도 따스한 온기가 우러나올 것이다.
 아파트 후문과 연결된 근린공원으로 나선다. 담장을 둘러싼 소나무 숲이 그 위엄을 과시한다. 소나무는 수령이 지긋해도 둥치가 굵지 않고 고개를 길게 쳐들어 하늘을 향한다. 우주의 중심인 태양빛을 쫓아가는 것인지. 거칠고 두꺼운 껍질 위엔 소나무재선충병 방제를 표시하는 리본이 띄엄띄엄 바람에 나풀거린다. 우리가 코로나19로 힘겨운 삶을 살아가듯 나무들도 위태로운 자연환경에서 생육을 향한 열정을 쏟아내고 있다. 생명 있는 모든 것들은 저마다 처한 환경 속에서 생존을 위한 사투를 벌인다.

숲길에는 찬란했던 지난 계절의 흔적으로 낙엽과 솔방울들이 널브러져 있다. 삶을 살아가는 결이 다르듯 그것들은 저마다의 모양과 색깔과 크기가 다르다. 생명의 순환 작용에서 혹독한 겨울을 이겨내기 위한 숭고한 작업의 부산물이다. 생을 치열하게 불태운 낙엽 서너 잎을 습관처럼 주워서 손바닥 위에 놓는다. 낙엽을 보니 지난날의 인연이 떠오른다.

서가를 정리하다 사십여 년 동안 깊숙이 간직했던 시화첩을 꺼내 본다. 초임 교사 시절 우리 반의 부반장이었던 P가 졸업할 때 내게 준 선물이다. 국판 크기의 파란색 다이어리이다. 좋은 시와 삶의 좌우명이 될 수 있는 격언과 자신의 생각을 담은 짧은 글이 적혀 있다. 내가 조회 시간에 소개했던 시들도 적혀 있어 감회가 새롭다. 시화첩의 첫 장에 그 아이의 증명사진이 붙어 있다. 앳된 미소를 지으며 하얀 카라가 있는 감청색 교복을 입은 단발머리 소녀이다. 행동이 조신하고 사유가 남다른 여고 3년생으로 때 묻지 않은 감성을 지닌 소녀였다. 또래 친구들보다 어른스러운 아이로 기억된다. 다이어리에 녹아든 그 아이의 마음을 이해하려고 애썼다.

여태껏 간직해온 그때의 교무수첩에 얼굴을 내민 제자들의 모습을 더듬는다. 반장을 맡아 책임감이 돋보였던 K, 몸이 약해서 결석이 잦았던 J, 언제나 웃음을 선사해 주었던 말괄량이 E, 여군이 될 것을 희망했던 S, 도드라지지 않게 묵묵히 학교생활에 충실했던 아이들. 모두 주어진 인생길에서 열심히 살아가고 있으리라.

그리운 이들이다. 나의 처녀 시절의 붉은 가슴을 가득 채웠던 소녀들이다.

내가 정성을 쏟은 만큼 그 아이들도 나의 마음을 잘 받아들였는지 의문이지만, 뒤돌아본 세월은 항상 그리움과 회한으로 남는다. 오래된 기억이 어제 일인 듯 선명하다. 스승과 제자로 만난다는 것은 억겁의 세월 전에 예정된 인연이 아니었을까. 내 삶의 주변에서 마주했던 만물은 인연이 아닌 것이 없고 삶의 위로가 아닌 것이 없었다. 제자들과의 좋은 인연에 감사한다. 인생에서의 수많은 만남 속에서는 한번 스쳐 지나가는 인연도 있고, 영원히 가슴속에 남아 있는 인연도 있다.

시화첩은 적힌 내용에 알맞게 삽화처럼 갖가지 낙엽, 색실, 연필화로 꾸며져 있다. 제자 P의 따뜻한 마음이 여기저기 스며있다. 말린 들꽃과 네잎클로버와 크고 작은 단풍잎이 정겹다. 낙엽은 푸르름을 망각한 채 그 속에서 세월의 더께를 온전히 품고 있다. 잎맥은 무뎌지고 두꺼워졌다. 그것은 속세의 때로 얼룩진 내 마음과 나날이 진한 화장을 하는 주름진 얼굴처럼 보인다. 생을 달려오면서 켜켜이 쌓아온 마음의 때를 씻어내고 싶다. 정신적으로는 건강한 젊음을 잃지 않으려고 애쓰지만, 육체적 외모의 노화는 자연스러운 현상으로 어쩔 수가 없다. 슬픈 일이지만 피할 수 없는 노릇이다. 아름답게 늙기 위해서는 하루하루 더 충실하게 살아야 한다. 오늘 하루 무엇을 위해 살았는지를 화두로 잠자리에 들기 전에 기도의 시간을 갖는다.

숲길에서 만나는 작은 들꽃은 스쳐 지나가는 바람에도 흔들린다. 꽃댕강나무의 조그마한 나팔 모양의 흰 꽃들도 바람결에 리듬을 탄다. 바람에 온몸을 맡기고 있다. 가을을 노래하는 소리가 나팔 모양의 꽃에서 들리는 듯하다. '흔들리지 않고 피는 꽃은 없다'는 어느 시인의 말을 떠올린다. 자연에 순응하며 살아가는 그것들의 강인한 생명력에 숙연해진다. 인생길은 매 순간 선택과 결정을 해야 한다. 가지 않은 길에 대한 아쉬움과 후회를 하기도 한다. 자신이 걸어가는 길이 바라지 않는 결과가 나오더라도 멈추지 않는 삶, 포기하지 않는 삶을 살아야 한다. 흔들림 없는 삶이 어디 있겠는가.

환갑 때 외손자를 얻었다. 하늘이 보내준 인연이다. 손자가 태어나던 날 딸이랑 부둥켜안고 기쁨의 눈물을 나누었다. 무엇과도 견줄 수 없는 고귀한 선물이다. 새 생명의 탄생은 축복이다. 생명이 있는 모든 것들은 존재만으로도 귀하다. 내가 할머니가 된 것보다 딸이 어미가 되었다는 사실에 벅찬 감동이 일었다. 여자의 일생의 서곡이 시작되었음을 느낀다. 모성보다 강렬한 사랑은 없으리라. 만감이 교차하는 순간이다. 딸이 산후조리를 잘하고 좋은 엄마가 되길 바란다.

영상통화로 손자를 만나거나 녀석의 일상을 담은 동영상을 볼 때는 시름없이 행복하다. 그 속에서 손자의 모습을 보면 눈앞에 있는 것처럼 느껴져 실없는 웃음을 짓게 된다. 입이 귀에 걸린다. 손자는 꽃이다. 손자를 만난 후부터 어리고 보잘것없이 여린 것들에게 마음을 건네게 되고 눈길이 머문다. 작은 것들은 무엇이든 사랑스럽다.

손바닥 위에 낙엽도 어리고 푸르렀던 시기가 있었으리라. 낙엽은 기울어가는 황혼에 한 조각 시간의 흔적으로 떨어진다. 이별은 생각하지 말자. 내게도 청춘이고 신록이던 시기가 있었다. 숨 가쁘게 달려온 시간 속에서 소중한 것들을 지키지 못하고, 마음에 담아둬야 할 인연을 느끼지 못하며 살아온 것은 아닌가. 지내온 시간의 흔적들을 되돌아본다.

낙엽에서 인생을 배운다. 낙엽은 나무가 혹독한 겨울을 이겨내기 위해 잎자루나 잎몸의 기부에 이층離層이라는 특수한 세포층이 형성되면서 떨어지는 잎이다. 저 스스로는 나무에서 떨어지지만 새순을 움트기 위해 묵직한 침묵의 시간을 갖는 것이다. 낙엽을 보면 자신을 희생하여 나무를 이롭게 하는 모습을 느끼게 된다. 낙엽은 나무 몸통의 중심부인 심재心材를 튼튼하고 강하게 만들기 위해 단풍의 절정을 온몸으로 내뿜다 떨어지는 잎이다. 나무의 생존을 위해 끊임없이 반복되는 순환 작용이다. 낙엽을 보며 생명의 탄생과 소멸의 순환을 느낀다.

내 인생의 계절도 아름다운 황혼을 맞고 있다. 가을빛처럼 안도의 숨 내쉬며 풍요로운 노년을 맞아야 한다. 걸어온 길을 돌아보며 기나긴 세월의 길이만큼 참으로 잘 살아낸 사람으로 기억되고 싶다. 때가 되면 버려야 할 것이 무수히 많지만, 나와 인연 맺은 모든 이들과 잡았던 손을 영원히 놓고 싶지 않다.

햇귀

붉은 해가 동녘 하늘에 걸렸다. 아직은 제 모습을 드러내지 않은 둥근 열덩어리는 서서히 빛을 발하기 시작한다. 돋을볕이 강렬하다. 해돋이 때 비치는 빛, 햇귀와 해 주위에 띠를 이룬 햇무리가 눈부시게 찬란하다. 사방으로 뻗어가는 햇살의 좋은 기운을 온몸으로 받아 본다. 햇물은 태양의 후광처럼 보인다. 무수 무량의 부처님의 후광처럼 느껴진다. 햇무리를 본 게 부처님의 가피加被는 아닐까. 상서로운 징조로 받아들이고 싶다.

그동안 달무리는 많이 보았지만 햇무리를 보는 일은 드물다. 어제 겨울의 절정을 향해 서두르는 보슬비가 온종일 내렸던 까닭인가 보다. 햇물을 보게 되어서 행운이다. 아침이면 어김없이 떠오르는 태양의 존재를 그동안 너무 무심히 대했던 것 같다. 태양은 시련과 고통의 어둠을 밀어내면서 세상을 비춘다. 햇빛은 음지를 양지로 이끌어주는 힘이 있다. 자신의 위력을 유감없이 발하며 온 우주를 빛의 세계로 밝혀주는 태양은 찬연하다.

희망을 품은 해를 본다. 오늘따라 유별나게 해가 밝다. 햇살은 온기를 품는다. 초겨울의 싸늘한 날씨와는 사뭇 다르다. 춥지 않은 날씨가 더없이 고맙게 느껴진다. 햇빛의 에너지는 희망을 선사한다.

햇빛은 사위를 비춘다. 추수가 끝난 들판에, 나무와 숲에, 파도가 일렁이는 바닷가에, 희망이 샘솟는 학교 운동장에 사념 없이 비춘다. 아무런 대가 없이 온 세상을 비추며 천지에 따스한 기운을 내뿜는다. 계절마다 내리쬐는 햇빛은 절기에 필요한 자양분을 선사한다. 햇빛은 만물을 풍성하게 돋우는 에너지이며 은혜로운 빛이다.

중등교사 임용시험을 치르고 있는 작은딸에게도 햇살이 가득 내려주기를 바란다. 고사장을 향하는 딸을 힘껏 안아주었다. 풋풋한 딸의 체취가 코끝에 와 닿는다. 제법 성숙한 숙녀의 향기가 느껴진다. 일 년 동안 최선을 다해 달려온 딸에게 행운의 여신이 용기와 힘을 주기를 간절히 바란다.

딸은 작년에 이어 또 시험을 치른다. 필기고사에는 합격했으나 수업 시연과 통합 면접시험에서 고배를 마셨다. 그런 상황을 받아들이지 못한 딸은 방황했다. 긴 시간 동안 자신과의 싸움으로 힘겨워했던 딸을 보며 가슴이 아려온다. 늦둥이로 태어나서 마음 다칠 일이 없었던 딸이다. 엄마가 그랬듯이 교사가 되어 바른 인성을 지닌 제자들을 키우고 싶다고 한다. 사람을 키우는 것보다 귀한 일은 없다며 교사의 길을 선택하고 싶다고 했다.

 농사 중의 으뜸은 자식 농사라고 한다. 그것은 중요한 일이지만 부모의 생각대로 되지 않는다. 세상사가 마음먹기에 달렸다고는 하지만 자식의 일은 부모 마음대로 할 수도 없고 그렇게 해서도 안 될 일이다. 자식이 원하는 바를 존중하며 부모는 욕심을 내려놓고 기다려야 한다. 자식 농사가 만사 중에 가장 어려운 일임을 뼈저리게 실감한다. 안타깝지만 부모로서는 욕심대로 할 수 없는 일이다. 농부가 지닌 무욕의 낮은 자세로 하늘이 만들어주는 튼실한 열매 맺기를 묵묵히 기다릴 뿐이다.

 저마다 자신이 처한 상황에서 제 역할을 잘할 수 있기를 소망해 본다. 과분한 욕심을 버리고 작은 기쁨에 만족할 수 있기를 바란다. 모두가 누군가를 위해 가녀린 어깨를 내어줄 수 있다면 세상이 더 따뜻해지고 살만할 것이다. 인간은 혼자 살아갈 수 없다. 무수히 많은 인연과 관계 맺으며 살고 있다. 더불어 살아가는 게 인생이다. 한 생을 살아가기 위해 태어난 사람들과 함께 오순도순 서로의 어깨를 감싸주며 살아가는 시간을 기다려 본다.

 해는 벌써 중천에 떠 있고 따사로운 햇볕을 받은 나목들은 숙연하다. 이층 카페 차창 밖으로 길게 늘어선 나무들이 보인다. 건물 담장을 둘러싼 메타세쿼이아 나무에 시선이 가닿는다. 세파에 흔들림 없이 꼿꼿이 서 있는 나무를 보면서 다가올 새봄의 희망을 읽는다. 자존감이 큰 나무인 듯싶다. 흐트러짐 없는 자태를 잃지 않기 위해 혹독한 환경에서 살아남기 위한 사투를 벌였을 터이다. 나무의 가늘고 여린 가지 사이로 스며드는 햇살이 따사롭다.

햇빛을 받은 메타세쿼이아 나무는 한 뼘은 더 성장할 듯싶다. 햇빛은 사랑의 기운이다. 나목은 남은 계절의 냉혹한 추위를 견뎌내기 위해 안간힘을 쓸 터이다. 따스한 기운을 굵은 둥치 속으로 꽁꽁 숨겨 둔다. 겨우내 저장했던 온기를 조금씩 내밀며 생존해 갈 것이다. 겨울나무의 풋대를 안으며 의연함을 잃지 않으리라. 나무는 잘 살아낸 연륜의 테두리를 몸속 깊이 남겨둔다.

겨울나무는 언제나 희망을 품고 살아간다. 찬란한 봄을 맞이하기 위해 침묵한다. 꿈과 희망은 유효기간도 없고 자격 제한도 없이 무한하다. 꿈은 이루려고 노력하며 생각하는 힘이 있는 사람이 지닐 수 있다. 커다란 생각의 힘으로 꿈을 이뤄 나가리라 믿는다. 봄이 오면 겨울나무에서 생명의 새순이 얼굴을 내밀 듯….

메타세쿼이아 나무는 하늘을 향해 이등변삼각형의 수형으로 균형을 맞춰 안정된 자태로 서 있다. 균형을 잃지 않기 위해 우듬지가 밑동보다 가늘다. 키가 커서 멀리서도 눈에 띄는 나무이다. 높이 솟은 만큼 여느 나무보다 먼저 온몸으로 햇빛을 끌어안고 있다. 햇살을 품은 나무는 조금씩 높고 단단한 나무로 성장할 것이다. 나무를 바라보는 것만으로도 믿음이 간다.

겨울나무는 생명의 싹을 틔우는 시간에서부터 든든한 뿌리로 성장할 때까지 햇빛을 품는다. 숱한 고난과 역경을 딛고 듬직한 나무로 성장한다. 나이를 몸속에 숨긴 채 혹독한 추위를 이겨내며 인고의 시간을 견뎌낸다. 겨우내 붉은 희망을 품고 봄을 기다리며 침묵했다.

언제나 묵묵히 떠오르는 해처럼 딸에게 가없는 사랑을 품고 싶다. 햇귀는 자식을 향한 부모의 마음같이 느껴진다. 부모는 눈을 감을 때까지 자식의 모든 것을 기다린다. 어쩌면 삶은 기다림의 연장선인지도 모른다. 오늘은 내일을, 올해는 새해를, 이별은 만남을 기다리며 살아간다. 때로는 기다림이 약이 되기도 한다.

메타세쿼이아 나무는 하늘을 향해 꿋꿋이 서 있다. 그 나무 위로 햇살이 포근히 감싸주고 있다.

배롱나무를 품다

·

　여름의 위용을 뽐내는 햇살이 눈부시다. 한여름 햇빛에 도드라져 보이는 꽃무리를 본다. 오랜 기다림 끝에 만개한 배롱나무꽃이다. 배롱나무는 시린 봄에 성급하게 얼굴을 내미는 매화와 벚꽃, 개나리와 진달래꽃이 지고 나면 꽃이 핀다. 시새우며 피는 봄꽃이 지천인 시절에도 무심히 서 있다. 자신이 꽃 피울 때가 아니라며 서두르지 않는다. 욕심 없이 묵묵히 때를 기다리며 순리대로 꽃을 피운다.
　배롱나무는 여름에 꽃을 피우기 위해 기나긴 시간을 침묵한다. 시련 없이 피는 꽃은 없으리라. 겨우내 속살을 드러낸 채 발가벗고 서 있다. 나이 들어 점점 추레해지는 노인의 모습 같아서 애틋함이 더한다. 겉옷을 벗어 던져 가녀린 모습이지만 의연함을 잃지 않고 꿋꿋하다. 배롱나무가 지닌 외유내강의 속성을 본받고 싶다. 때를 기다릴 줄 아는 혜안을 지녔다. 찬란한 꽃을 피우기 위해 겉으로 드러나지 않는 하심下心을 배운다.

아파트 동 입구 야트막한 화단에 예닐곱 그루의 배롱나무와 묵묵히 그 곁을 지켜주는 감나무 한 그루가 있다. 튼실한 감나무는 둥치가 가늘고 힘없어 보이는 배롱나무를 다독이며 함께 자란다. 품이 너른 감나무는 어머니 같다. 항상 건강한 기운을 품은 감나무가 있어서 여린 모습의 배롱나무를 볼 때마다 마음이 놓인다.
　배롱나무는 감나무를 믿고 의지하며 잘 자란다. 감나무의 성장을 오랫동안 지켜보면서 단단한 나무가 되기를 꿈꾸었다. 배롱나무는 감나무가 봄에 새 생명이 싹트고 초여름에 황백색 감꽃이 피는 것을 알게 된다. 감꽃이 진 자리에 손톱만 한 열매가 영글어 가는 모습을 지켜본다. 풋풋한 감이 비바람에 견뎌내어 네 살배기 손자 주먹만큼 커지는 시간을 기다린다. 감나무는 힘겨운 날들을 보내며 달콤하고 여린 속살을 지닌 홍등으로 얼굴을 내밀 것이다.
　화단의 배롱나무를 볼 때마다 오래전 여름날, 오죽헌에서 마주했던 기억이 선연히 떠오른다. 자잘한 꽃들이 다붓다붓 모여서 한 다발을 이룬 꽃무리에 감탄했다. 사람도 혼자 살 수는 없듯이, 저 홀로 피어있는 꽃이 아니라 서로 어깨를 나누며 다발을 이룬 꽃이라서 정감이 난다. 무엇이든 한데 어울려 있는 것들은 조화로운 멋이 있다. 그렇게 만개한 꽃을 본 적이 없다. 간간이 불어오는 바람에 잔가지가 떨리며 꽃이 흔들리는 모습은 자신의 존재를 알리는 작은 몸짓처럼 보인다. 해사한 모습이 인상적인 배롱나무꽃을 가슴에 담아두었다.

오도카니 서 있는 오죽헌의 배롱나무는 육백여 년의 지긋한 세월의 시간을 비껴간 듯하다. 기나긴 연륜의 주버기를 벗어 던졌는가. 시간의 두께를 벗어던진 나무는 수령에 비해 젊어 보인다. 나이를 몸속에 숨긴 강인한 생명력을 배운다. 연륜보다 짙게 채색되는 정신과 육체의 노화를 어찌할 수 없는 인간의 한계를 탓해 본다.

긴 세월을 품은 오죽헌의 배롱나무 앞에서 숙연해진다. 자연의 신비롭고 위대함을 느껴 본다. 고목은 신령스러운 기운마저 뿜어낸다. 나무 앞에서 오래 품었던 시름을 남몰래 되뇐다. 배롱나무는 '생을 살면서 모든 시름은 스쳐 지나가는 바람'이라고 말을 걸어온다. 사람의 목숨보다 긴 명줄을 이어온 나무는 오히려 덤덤하다. 무심히 달리는 세월 속에서 부딪히는 숱한 풍파를 견뎌내어 내공이 쌓인 나무이다.

신사임당의 가족들과 숙명처럼 질긴 인연을 맺은 오죽헌의 배롱나무는 "서당 개 삼 년이면 풍월을 읊는다."라는 말처럼 스스로 깨달음의 나무가 되었을 터이다. 그들 곁에서 오랜 세월 동안 꼿꼿한 모습으로 선비의 향기를 품은 듯하다. 자신 앞을 스쳐 지나가는 사람들의 속 깊은 삶의 사연을 온몸으로 느끼며 사색하는 나무가 되었을 성싶다. 자신의 둥치를 두껍게 키울 새도 없이 고뇌했을 것이다. 수많은 사람과의 만남을 인연으로 품었듯이 나와의 인연도 그렇게 이어진 건 아닐까. 새순을 틔울 때부터 보이지 않는 끈으로 단단히 맺어진 인연의 고리가 연결되어 오죽헌에서 만나게 된 것이리라.

만물은 저마다 고유의 가치와 아름다움이 있다. 자연의 모든 것들은 타고난 것을 지닌 채 순리대로 살아간다. 서로 겨루거나 시샘하지 않고 천성대로 환경에 순응한다. 환경에 순응하는 모습은 자연이 신비롭고 자연에 대한 경외심이 생기는 까닭이다. 우리가 사는 세상은 어떠한가, 차가운 이성과 따뜻한 마음을 지녀도 한낱 나무보다 조화롭지 않은 삶을 살아간다.

삶은 사람들과 만물과 관계를 맺으며 살아간다. 관계를 맺는다는 것은 사랑으로 마음을 나누는 일이다. 관심과 사랑을 지닌 마음의 교감은 바른 삶을 가능하게 한다. 서로 연계된 고리가 있어 끊임없이 순환하고 있다. 인연은 살아갈수록 늘어간다. 인연 맺은 것으로부터 상처를 받아 아파하거나 삶의 위무를 받기도 한다. 인생길에서 사람과의 인연을 귀하게 여기고 그들과의 청연淸緣을 맺을 수 있기를 꿈꾸어 본다.

날마다 마주하는 화단의 배롱나무도 오죽헌의 배롱나무와 깊은 교류를 맺어온 것이리라. 나와의 만남도 그렇게 이루어진 것은 아닐까. 모든 것과의 인연 맺음이 하나하나 소중하게 느껴지는 걸 보니 그동안 살아온 세월의 무게가 무겁게 느껴진다.

배롱나무는 옆에 서 있는 감나무처럼 넉넉하게 둥치를 키우며 커 가리라. 세월의 흔적을 담은 단단한 고목이 되고 싶은 꿈을 키워 가고 있다. 지루하고 긴 여름에 화사한 꽃무리로 자존감도 과시할 것이다. 보석같이 빛나는 태양 빛을 머금은 꽃이 짙은 홍자색으로 돋보인다.

실바람을 타고 흔들리는 배롱나무의 자잘한 꽃무리에서 겸화謙和의 향기를 낚아 본다.

소금단지

 삽상한 가을바람에 메케한 연기 냄새가 날린다. 가마에서 빠져나온 연기가 허공으로 흩어진다. "옹기를 팔아야 먹고 살 수 있다, 옹기를 만들면 은도 나고 금도 난다."라는 가사의 노랫소리가 들린다. 옹기를 만드는 질흙을 짓이기고 무르게 하는 작업인 질또림하며 부르는 노동요다. 고단한 노랫말의 흥겨운 가락에 시름을 덜어낸다. 사물놀이 장단에 맞춰 구름마저 쉬어가는 듯하다.
 제주옹기박물관에 옹기꽃이 왁자지껄 피었다. 축제를 즐기는 사람들의 얼굴에도 웃음꽃이 만발한다. 모양과 색깔과 크기가 다른 물허벅, 항아리, 단지, 그릇들이 제자리를 찾아 들어앉았다. 옹기는 저마다 넓고 좁은 주둥이를 벌리고 오늘의 이야기를 담으려나 보다. 가을빛이 서려 있는 옹기는 어머니 품속 같은 온기를 품는다. 흙으로 만들어져서 대지의 따스함이 깃든 것인가. 흙은 생명의 원천이며 만물의 생성의 근본이다. 생명은 흙에서 나고 자라서 제자리로 돌아가는 것이 아닌가.

전통 체험장에서 무형유산 L 질대장이 질토림 시연을 한다. 세월의 무게가 장인의 어깨에 내려앉았다. 질 좋은 흙을 고르기 위해 셀 수 없이 움직였을 그의 어깨의 힘이 사그라져 보여 애처롭다. 스러지는 장인의 기운이 질토림 소리의 흥겨운 장단에 맞춰 느릿하게 힘을 얻는다. 무형문화재 옹기장인 B 도공장의 옹기 만들기 시연도 있었다. 얼굴에 선명하게 골을 이룬 주름살은 세월의 깊이를 말해준다. 구순의 생을 살아온 세월은 존귀하다. 돌아가는 물레에 삶의 무게를 조금씩 내려놓았을까. 반복되는 물레질에 삶의 희로애락을 녹여냈을 것이다. 누군가의 아버지, 누군가의 남편, 누군가의 아들인 장인은 물레와 함께 생의 길을 걸어왔다.
　물레를 돌린다. 세월이 담겨 있는 물레는 혼자 돌아갈 수 없다. 장인과 혼연일체가 되어 돌아간다. 물레 작업은 영혼을 불어넣는 일이다. 왼발로 완급 조절에 맞춰 장인의 부드러운 손놀림이 춤을 춘다. 무심히 돌아가는 물레를 보며 내 삶의 궤적을 떠올린다. 주어진 상황을 숙명으로 받아들여 힘겨운 시간을 달려왔다. 살아가면서 떨쳐버릴 수 없는 온갖 시름을 구심력이 강해지는 둥근 나무판 위에 얹는다. 장인의 숨소리가 거칠어진다. 그의 들숨 날숨엔 좋은 옹기를 만들기 위한 결연한 의지가 녹아 있다. 까부라지는 생을 위한 처절한 몸부림인지도 모른다. 물레가 빨리 돌려지면서 옹기는 제 모습을 찾아가고 있다. 드디어 합단지가 완성된다.
　옹기는 가마의 불때기 소임을 맡은 불대장의 땀과 눈물과 정성으로 만들어진다. 기다림의 시간이 빚은 예술품이다. 제주의 흙은 철분과 염분이 많아 옹기를 구울 때 유약을 바르지 않아도 된다. 자연 그대로의 숨 쉬는 그릇이다. 전통 가마인 '노랑굴'에서 불의 온도와 열기의 흐름에 따라 질그릇의 색감이 다르다. 삶의 결이 다르듯 같은 장인이 빚어도 가마에서 나온 옹기는 제각기 다른 색을 품는다. 옹기는 청자나 백자처럼 빼어나지 않고 질박한 멋이 있다. 서민들의 삶이 오롯이 스며든 그릇이다. 발그레한 색감은 척박한 환경에서 묵묵히 순응하며 살아가는 제주인의 모습을 닮았다.

옛 어른들은 짠 것을 담았던 항아리엔 짠 것을 담고, 단 것을 담았던 것에는 단 것을 담는다. 유약을 바르지 않은 옹기는 담는 내용물에 따라 스며드는 냄새가 다르기 때문이다. 인생길에서도 살아가는 결에 따라 자신만의 독특한 향기가 밴다. 옹기의 소박한 덕성을 마음속에 단단히 저장해 두었다. 옹기처럼 좋은 기운으로 이 세상과 타자와 함께하고 마음을 나눌 수 있는 넉넉한 품이 되고 싶다.

신혼 초의 기억이 아련하다. 가풍을 익히기 위해 1년 남짓 시댁에 살다가 시부모님이 마련해 준 아파트로 이사하기 전날, 시어머니는 내게 '소금단지'를 주셨다. 암팡지게 작은 옹기에 소금과 팥이 섞여 있었다. 이사하는 날, 다른 짐이 들어가기 전에 보자기에 싸인 소금단지를 먼저 현관으로 들이라고 했다. 소금단지는 화재를 예방해 주고 액운도 막아주며 재물도 불러온다고 한다. 집을 지켜주는 수호신이라며 주방 선반 위에 잘 모시라고 했다.

시어머니는 소금과 팥을 화禍를 예방하거나 감해주는 부적 대신 사용했다. 희끗한 소금은 흰색의 신성함을 지녔고, 핏빛의 팥은 생명력의 상징처럼 느껴졌다. 사람을 귀히 여기고 생명의 소중함에서 비롯된 마음의 표출이다. 예기치 않는 사고나 위험을 피하기 위한 방편이다. 불안한 마음에서 벗어나고 신성한 기운에 기대어 위안을 받으려는 나약한 인간의 의지를 방증하는 것이다. 소금단지에는 신과 부처님께 비손하는 마음이 담겨있다.

전통문화나 풍습에는 정성스러운 마음이 스며있다. 매사에 공들이는 일보다 값진 것은 없다. 모든 일에 정성을 들이고 조심하는 것은 당연히 좋은 일이다. 자기 위안을 위한 방편일 수 있다. 그동안 두 번의 이사를 했지만 아직도 소금단지는 잘 모시고 있다. 세월의 더께가 쌓일수록 나도 시어머니처럼 살아가고 있지 않은가. 한 생을 살아오면서 가슴을 도려내는 아픔이 어찌 없으랴. 그렇지만 소금단지 덕분에 원만한 삶을 누리게 된 것이 아닌가 생각해 본다.

오래전 여름날, 통도사에서도 소금단지를 마주했다. 대웅전, 대광명전과 같은 전각의 처마에 놓여 있었다. 목조 건물에 화재 예방을 위한 것이다. 소금은 바다를 품으며 정화淨化를 의미한다. 소금단지에는 '염불화방지병念不火防止甁'이라 적힌 종이로 덮어 놓았다. 단옷날에 구룡지 앞에서 용왕재를 지내고, 올렸던 소금은 불자들에게 조금씩 나누어준다. 불자들은 소금 봉지를 집에 가져다 놓고 삿된 것을 방지한 불력佛力에 기대어 무탈한 삶을 살 수 있기를 발원할 것이리라.

 통도사의 소금단지를 마주한 후부터 주방 선반에 모신 단지가 유난히 귀하게 여겨진다. 집안의 액난을 막아주고 가정의 안녕을 지켜주는 신묘한 보물단지처럼 느껴진다. 인생사의 희로애락이 소복이 담겨 있는 소금단지는 시어머니가 돌아가신 후에도 마음으로 의지하고 살아간다. 소금은 하찮아 보이지만 소중하다. 우리의 생명을 지키는 데 없어서는 안 될 식재료이다. 소금처럼 녹아서 스며드는 삶을 살고 싶다.

 가짜와 거짓이 난무한 세상이다. 가짜가 더 진짜 같고 거짓이 참된 것처럼 보이기도 한다. 진실과 참된 것은 더디지만 빛을 발한다. 진실이 지닌 힘 때문이다. 세파에 시달려도 변하지 않고 온갖 유혹에도 물들지 않는 소금의 천성을 닮고 싶다. 소금의 성질대로 순리에 거슬리지 않고, 변하지 않는 길을 향해 미쁘게 살아가기를 꿈꾸어 본다.

 외길 인생을 살아온 장인들의 고귀한 삶이 발그레한 옹기꽃으로 피어난다. 옹기꽃은 활짝 피어날 때를 염원하는 장인들이 이뤄낸 마음의 꽃이다. 그 꽃에는 세상 모두를 위한 사랑의 불씨가 담겨있다. 작은 불씨가 모여서 뜨거운 불꽃을 품은 옹기꽃으로 만개하길 바란다. 전통 가마 노랑굴에 재임된 옹기가 무탈하게 탄생 되기를 바라는 마음이 연기처럼 피어오른다.

백모님과의 이별

 차창 밖 먼 산에는 앙상한 나목들과 기죽은 나뭇가지들이 겨울의 끝을 여지없이 품고 있다. 그렇지만 우리 가까이엔 봄의 향기가 깊숙이 스며들었다. 명주바람에 살랑거리는 연둣빛 신록을 보며 희망을 걸어 본다. 그 연한 초록은 남쪽으로 갈수록 더욱 짙어진다. 돌아올 계절에는 풍성한 진초록을 기대해 본다.
 대자연의 무한한 생명력과 대비되는 죽음이라는 명제, 생명이 있는 모든 것은 영원하지 않다. 그러기에 삶이 진정 가치 있는 것일까. 삶은 이별의 연속이다. 우리는 수없이 많은 만남과 헤어짐을 반복하며 살아간다. 지금 이 순간에도 생·사를 넘나드는 문턱에서 영혼의 안식을 갈망하는 이들이 많을 것이다.
 갑작스러운 백모님의 부음을 받고 서울역에서 부산행 고속열차에 몸을 실었다. 몇 년 전부터 자주 접하게 되는 부고는 나이 듦을 실감케 한다. 이별은 언제나 갑작스럽고 서럽다. 백모님은 늘 여유 있고 자애로운 자태로 고상함과 당당함을 느끼게 했다. 다시는 돌아올 수 없는 먼 곳으로 떠나셨다. 살아볼 만한 세상을 더 이상 향유할 수 없다. 가슴이 쓰리고 아프다. 반듯하게 잘 키운 아홉 남매를 남겨둔 채 홀연히 가셨다. 누구나 어김없이 가야 할 길이어서 더욱 숙연해진다.

평소엔 죽음이 자신과는 무관한 것처럼 살아간다. 한 사람의 인생사가 마무리되었다는 소식을 접하면 그 단어에 무게감이 실린다. 삶의 종착점을 향한 긴 여정의 한 부분을 채워가는 것이 인생이 아닌가. 살아간다는 것은 그날을 향해 죽어간다는 말과도 같다. 죽음은 삶의 완성이다. 죽음은 또 다른 세상을 향한 문이라고 했던가. 누구도 예견할 수 없고 피할 수 없는 길이기에 삶이 값어치 있으리라.

다음 날 새벽, 마지막 추모 의식이 거행되었다. 의식이 진행되는 동안 고인과 살아있는 자와의 이별을 읽기에 충분하다. 불교 의식으로 집전하는 법사 스님의 목탁 소리가 가슴에 파고들었다. 한 음 한 음 울릴 때마다 희로애락의 결을 이룬 고인의 삶의 궤적을 들춰내는 것 같다. 내가 살아온 길을 되짚어 보며 아픈 회한의 시간을 마주했다. 하얀 국화꽃을 올리고 향을 사른 뒤 재배를 드렸다.

고인은 오랜 신행 생활을 한 불자이다. 욕심을 내려놓고 태어난 곳으로 돌아갔다. 선업을 많이 쌓으셨는지 병석에 오랫동안 눕지도 않았다. 태어나는 복, 사는 복 못지않게 삶의 마무리인 죽는 복도 편안하면 좋을 것 같다. 본인의 의지대로 할 수 없는 일이다. 본인은 물론 가족에게도 시련과 고통 없이 떠날 수 있다면 얼마나 좋을까. 의연하게 죽음을 맞이할 수 있다면 더없이 좋은 일이다. 내면의 소리에 귀 기울여 마음의 정원을 끊임없이 가꿔야 할 일이다. 백모님은 고통도 없이 평소의 마음처럼 고요히 영면하셨다.

금생에서의 질긴 인연은 끊기 쉽지 않은지 화장장은 좁은 산등성이를 굽이굽이 돌아서 산꼭대기 부근에 있다. 질곡의 삶을 살아온 것처럼 이승을 떠나는 길도 평탄하진 않은 것 같다. 이 시간이 지나면 고인은 자유로운 영혼으로 훨훨 날아오를 것이다. 흙, 바람, 자연 속으로 말이다. 속세의 미련과 집착을 버리고 아무 시름없는 곳에서 편안히 쉬기를 기원했다. 이생에서의 좋은 기억만 안고 가실 것을 기도했다. 그동안의 인연에 깊은 감사를 드렸다.

화장이 끝나고 한 줌의 재가 된 유골을 마주하니 눈물이 났고 인생무상을 느꼈다. 오욕칠정五慾七情으로 엮어진 여든 중반의 짧지 않은 고인의 삶이 오롯이 담겼다. 죽음에 대해 깊이 생각하면 할수록 우리의 인생은 깊어진다는 법정 스님의 말씀이 가슴에 와닿는다. 매 순간 깨어 있는 삶을 살아야 하리라 생각한다.

삶이 아름다우면 죽음 또한 아름다울 것이다. 진정 나는 아름다운 삶을 살아왔을까. 인연 맺은 이들에게 옅은 향기를 줄 수 있는 삶이었는지 되돌아본다. 유한한 인생길에서 남은 생을 어떻게 살아가야 할 것인가를 다시 되새겨 본다. 생각하며 사는 인생은 조금은 나은 삶을 가능하게 할 것이다.

지난여름 남편과 함께 뵈었던 백모님의 모습이 떠오른다. 그때 나누었던 인정 어린 대화가 귓가에 쟁쟁하다. 십여 년 전에 뇌경색을 앓았던 남편의 건강과 내 아이들의 평안을 염려하셨다. 집안의 어른다운 깊고 고운 심성을 느낄 수 있다. 건장한 남편의 모습을 보고 건강보다 더 귀한 재산은 없다고 말씀하시던 백모님 모습, 한량없는 인자한 눈빛의 영정사진 모습이 눈앞에 아른거린다.

가시

가족을 위해 풍성한 식탁을 차리는 일은 내 몫이다. 항상 하는 일이지만 신경 쓰이고 자신이 없을 때가 많다. 틈틈이 요리책과 인터넷 검색을 하며 맛있는 음식을 만들려고 애쓴다. 요리하는 시간이 소중한 것은 "요리는 사랑과도 같다. 자신도 모르는 사이에 빠져들게 된다. 그렇지 않으면 사랑이 아니다."라는 서양 격언을 상기시키기 때문이다. 음식을 만드는 일은 내 손길을 통해 가족을 위한 사랑을 만들고 베푸는 시간이다.

시장에 나서니 온갖 식재료가 제 모습을 간직한 채 풍요롭다. 시장에서의 모든 풍경은 사뭇 정감 있다. 여기저기서 상인들이 물건을 팔기 위해 손님을 부르는 소리가 공명으로 허공을 가른다. "싱싱하고 물이 좋은 고등어 삽서." "아침 배로 금방 온 자리(자리돔)가 한 바구니에 만 원이요." 반복적이고 리듬 있는 소리다. 싱싱한 삶의 소리다. 시장은 사람들의 생에의 강한 의지를 엿볼 수 있는 현장이다. 시장에서 모든 것이 생동하는 모습을 보고 있으면 나태

해졌던 마음은 단단히 묶어지고 정신은 생기가 돋는다.

어물전의 습하고 비릿한 내음이 코끝을 자극한다. 얼음판 위에 누워 있는 늘씬한 갈치, 눈가와 꼬리에 무지개를 품은 옥돔, 은빛 비늘이 고운 백조기, 국민 생선인 등 푸른 고등어가 좌판에 꼬리를 퍼덕이며 튀어 오를 것 같은 모습으로 누워 있다. 생을 다한 생선이 우리에게 베푸는 보시 공덕인가. 나날이 살기 위한 섭생을 하는 터라 미안한 생각마저 든다.

머리가 크고 눈이 선명한 우럭을 샀다. 이름조차 곱상하진 않고 조금은 우둔해 보이는 생선이다. 지방이 적고 쫄깃한 식감이라 매운탕거리로는 일품이다. 생선회와 매운탕으로 인기가 좋은 우럭은 가시가 있다. 가시는 매우 날카롭고 찔리면 피가 나고 매우 아프다.

옛날에 가난한 총각이 호랑이 목에 걸린 가시를 빼주고 그 보답으로 배우자를 얻었다는 이야기가 있다. 백수白獸의 왕이라 일컬어지는 호랑이와 같은 맹수도 자신이 입은 은혜는 갚는다는 점을 강조하는 것이다. 가시 면류관을 쓴 예수의 모습은 언제나 우리에게 감동을 준다. 예수께서 가시 면류관을 쓴 것은 죄를 지었기 때문이 아니라 이 세상에서 누군가 지은 죄의 고통과 아픔을 스스로 안기 위해 가시 면류관을 쓴 것이다.

우럭을 볼 때마다 친정아버지에 대한 그리움에 목이 멘다. 지금은 영원히 뵐 수 없는 분이다. 아버지는 칼칼한 맛이 진한 우럭매운탕을 유난히 즐겨 드셨다. 유년 시절엔 매운탕에 넣은 미나리와 쑥갓의 향이 강해서 싫었다. 인생의 단맛과 쓴맛을 다 겪어온 지금은 그 향기가 되레 입맛을 당긴다. 이제 나도 아버지 나이가 되어 우럭매운탕의 따뜻함으로 가족들을 보살펴야 한다.

우리 집 뜰에는 철마다 아름다운 꽃과 신록이 반짝이는 나무가 그득했다. 아버지는 화단 가꾸기를 좋아하셨다. 화단은 새와 나비들의 안식처였다. 동박새는 꿀을 찾아 동백꽃으로 찾아들곤 했다. 새와 꽃은 따뜻한 부모님의 품속에 안기고자 하는 우리를 함께 부른다. 담장 위엔 빨간 장미꽃이 길게 누워 있었다. 장미꽃이 예뻐서 꺾다가 가시가 손에 찔려 피가 났던 기억이 생생하다.

자식에 대한 사랑보다 순수하고 고귀한 것은 없음을 부모가 되어서야 알게 되었다. 부모의 사랑은 어떤 사랑보다도 위대하다. 모든 이들이 어버이의 마음으로 인생을 살아간다면 따뜻한 세상이 될 것이다. 어버이의 품은 우주의 품과 같이 모든 것을 안아 준다. 우리가 사는 삶의 터에서 사랑보다 더 소중한 것은 없지 않은가.

우럭매운탕을 끓인다. 다시마와 디포리로 육수를 낸 후 무를 넣고 반쯤 익었을 때 손질한 생우럭을 넣는다. 나만의 양념장을 넣고 끓인 후 두부와 애호박과 양파를 넣는다. 싱거우면 액젓을 조금 넣어 감칠맛을 낸다. 미나리와 대파, 어슷 썬 홍고추와 쑥갓을 넣고 마무리한다. 각기 다른 재료가 한데 어우러져 매운탕이 완성된다. 모든 재료가 도드라짐 없이 스미게 될 때 제대로 맛이 난다. 양보와 배려하는 마음으로 살아간다면 서로의 관계는 더욱 진한 맛이 된다. 좋은 관계란 서로 스며드는 사이가 아닌가.

　남편도 우럭 요리를 좋아한다. 아버지처럼 얼큰한 매운탕을 즐겨 먹는다. 땀을 흘리며 맛있게 먹는 모습이 아버지가 잡수시던 모습을 닮아 더없이 좋다. 남편도 어릴 적 아버지처럼 식사하며 아이들과 이야기 나누기를 좋아한다. 식사 시간은 사랑이 흐르는 장場이다. 오붓한 정이 오가며 서로 존재의 이유를 확인한다. 혈육의 끈끈한 정이 오고 가는 시간이다. 매운탕을 먹으며 남편은 가족들에게 스며들어 갔다.

　매운탕의 진수는 국물이라고 먹는 남편 덕분에 우럭 살은 애들 차지가 된다. 애들을 위한 남편의 세심한 배려이다. 아이들에게 일일이 가시를 발라주던 친정엄마를 생각한다. "우럭 가시에 걸리면 약도 없다."라고 하며 엄마는 생선 요리를 먹을 때마다 가시를 발라주었다. 그런 엄마의 모습을 보며 우리 자매들은 따뜻한 모성의 불씨를 키웠다. 세월이 흘러 이제 남편에게 생선 가시를 발라주는 나이가 되었다.

　삶은 거친 파도와 휘몰아치는 폭풍을 견뎌내는 일이다. 살아가면서 뜻하지 않은 위기와 예기치 못한 위험을 수없이 마주한다. 가시처럼 가벼운 위기와 사소한 위험이 큰 화禍를 불러들이는 일도 많다. 가시는 순탄한 인생길에 걸림돌이 되기도 한다. 살아가면서 가시 같은 위기와 모험을 헤쳐나가며 고난과 역경을 극복한 만큼 삶은 더 단단해지리라.

　험난한 인생길을 '가시밭길', 평탄하고 순조로운 인생길을 '꽃길'이라 말한다. 자신이 선택한 길도 있고 운명처럼 숙명처럼 주어지는 길도 있다. 어느 길이든 온전히 같은 길을 걸을 수는 없다. 우리는 꽃길과 가시밭길이 혼재된 삶을 살아간다. 이 또한 인생의 묘미이고 삶이 값진 이유이다. 가시를 발라주던 엄마의 마음도 우리 형제들이 순탄하게 살아가기를 소망하던 마음이었을 것이다.

　아이들은 생선 가시를 발라주던 나의 마음을 헤아릴 수 있을까. 자식이 어찌 부모의 마음을 다 이해할 수 있으랴. 깊은 산속에 홀로 있어도 훤하고 고고한 자작나무 같은 부모님의 아름답고 빛나는 사랑을 모른다. 죽어서야 깊은 뜻을 알 수 있을는지. 장미꽃도 감사하고 장미의 가시도 감사하라고 했다. 우리가 견뎌야 했던 모진 세월은 상처로 남겠지만, 그 상처를 이겨내어야 더 성숙한 존재가 될 수 있다.

　가족과 이웃들 사이에서도 서로에게 박힌 가시를 제거해 줄 사랑과 믿음의 정을 나누어야 할 것이다. 상대방을 존중하면서 서로에게 스며들게 되는 기다림의 시간을 가져야 한다. 어차피 인생은 기다림이다. 인생은 인내를 배우는 긴 여행이다.

　남편이 좋아하는 우럭매운탕을 끓인다. 남편에게 우럭 가시를 발라준다. 가족들을 위해 생선 요리를 먹을 때마다 가시를 바른다. 번거롭고 귀찮은 일이지만 가시가 목에 걸릴까 봐 염려된다. 남편은 내 마음을 아는지 모르는지 맛나게 먹는다.

  오늘따라 아버지가 더욱 그립다. 매운탕을 끓이고도 아버지께 드릴 수 없는 시간이 속절없다. 아버지에 대한 그리움이 목에 걸린 가시처럼 깊은 아픔으로 사무친다.

여름 밤바다에서

　보름이 며칠 남았는데 만월만큼이나 훤한 달빛이 아름다운 밤이다. 서서히 진하게 스미는 제주 바다의 습하고 짠 냉기가 밤의 정적을 그득 채워준다. 밤바다는 늘 그렇듯이 숙연하다. 갯가의 비릿한 냄새가 스민 바람이 얼굴을 감싼다. 규칙적으로 조요한 달빛을 머금은 파도 소리가 들린다. 해조의 숨결과 해어海魚의 싱싱함을 맛본다. 어둠이 내리는 바다를 바라보며 태곳적 신비를 느낀다. 알 수 없는 전설이 묻혀 있는 것 같아, 금방이라도 인어공주의 슬픈 노래가 들릴 듯싶다.

　아직도 물기가 서린 바위를 바라본다. 바위마다 치열하게 잘 살아낸 하루의 사연을 품은 채 단단한 고독을 키우고 있다. 새삼 여유 없이 일상의 시간에만 몰두했던 자신에게 야릇한 반발이 일었다. 결혼 후 자신을 위한 생각이나 시간을 엮어 보기가 어려웠다면 연륜의 두께가 제법 두툼한 주부의 약한 변명이리라.

　가끔씩 혼자이고 싶다. 그 외로움은 인간이 지닌 원초적 본능이며 풀어야 할 영원한 숙제이다. 모든 굴레를 벗어나서 자유로운 영혼을 꿈꾼다면 아직도 삶의 깊이가 없음일까. 요즘 화두가 되는 자신의 존재를 확인하고 싶다. 지나간 세월의 흔적들을 떠올리면서 말이다.

초등학교 시절, 무근성 탑동 앞바다에서 친구들과 보말, 군벗(군부), 따개비(굴등) 등을 잡으며 해가 지는 줄도 모르게 놀았던 기억이 생생하다. 바다 이끼로 덮인 돌과 얕은 바위에 미끄러져 바지가 흠뻑 젖었던 일이 선연히 떠오른다. 용연 끝부분인 용수의 얕은 물, 버렝이깍에서 개헤엄을 치던 일, 집에서 가져온 조랑 참외를 돌멩이로 깨서 맛나게 먹었던 일이 어제 일인 듯 선명하다. 헤엄을 치다가 귀에 들어간 물을 빼내기 위해 작은 돌멩이를 귀에 대고 또 다른 돌멩이로 살짝 두들겼던 일도 기억이 또렷하다. 집으로 돌아오는 길에 얼음처럼 차가운 용천수가 흘러나오는 한두기(샘터)에서 바닷물의 짠 내를 깨끗하게 씻었다. 언제 생각해도 바다는 유년의 좋은 기억을 안겨다 준다.

파도의 물결로 터널을 이룬 작은 굴곡들은 규칙적이고 반복적이다. 역시 자연은 무질서 속에서도 알 수 없는 규칙과 리듬이 있다. 밤바다는 모든 것을 끌어안은 채 서두름 없이 안온함으로 다가온다. 자연이 품는 무한한 포용력을 배운다. 그것은 바로 어머니의 마음이다. 가없고 순수한 모성이다.

자연은 우리 인생의 스승이다. 무심한 세월은 수많은 인간사를 품으며 거짓이나 위선 없이 흐른다. 만물의 영장인 우리가 생활하고 창조해내는 세상은 어떠한가. 요즘 인간의 추한 모습으로 세상이 떠들썩하다. 유쾌하지 못한 얘깃거리이다. 인간성 부재의 시대라고 일축해버리기엔 아직도 우리의 가슴을 촉촉이 적셔주는 사람다운 세상 이야기들도 많다. 정녕 인생은 아름답고 살만하다고 믿고 싶다.

우리는 정신적인 빈곤과 나약함 속에서 내면의 세계를 다스리지 못한다. 일체유심조一切唯心造, 모든 것은 마음으로 통찰해 보이며, 일체의 모든 것은 오로지 마음에 달려있다는 것이다. 자신도 알 수 없는 마음을 바로잡고 그것을 올바르게 다스린다는 일은 결코 쉬운 일이 아니다.

자신을 관조하는 자기 성찰의 고통을 겪어야 참마음을 통한 하늘눈을 지닐 수 있을 터이다. 세월만큼 두꺼운 오욕의 때를 조금씩이나마 벗겨내야 하리라. 거추장스러운 허욕의 옷을 훌훌 벗어야 한다. 끊임없이 내면의 정원을 가꾸는 일을 쉬지 않아야 할 것이다. 추레한 내 모습과는 확연히 다른 나이 깜냥을 하기 위해서 말이다.

멀리 집어등을 밝힌 고깃배를 보면서 생존경쟁의 치열함과 삶의 의지를 절감하게 된다. 바다를 삶의 터전으로 살아가는 사람들에게 바다는 운명이다. 끊을 수 없는 생의 연결 고리이다. 잠들지 못하는 가족을 위해 어선의 무사 귀항을 기원한다. 만선의 기쁨이 있기를 빌어 본다. 말없이 한없이 욕심 없이 모든 것을 내어주는 바다는 자연이 선사하는 값진 선물이다.

묵묵한 바위를 검게 드러내 보이는 밤바다를 대하니 과거의 시간 속에 묻혔던 많은 이들, 보고 싶은 얼굴들이 수면 위로 하나 둘 떠오른다. 모두 자신들이 맡은 역할에 최선을 다하는 모습이다. 그들은 환한 웃음으로 다가왔다. 나도 모르게 빙긋이 웃었다.

밤바다는 내게 잊었던 정서를 속삭여준다. 여태껏 나를 지탱해 오던 무엇인가 보이는 듯하다.

2부

매듭

매듭

　영산靈山은 누구에게나 그 속살을 쉽게 보여주지 않는가 보다. 천문산의 '천문天門'까지 가는 길은 험하고 멀었다. 천문은 장가계 시내에서도 보일 만큼 존재감을 드러낸다. 멀리서 바라만 보아도 그 자체가 신묘한 기운을 뿜어내는 것처럼 느껴진다. 벌써부터 심장이 올랑거린다. 천문 저 너머의 세상은 어디일까.
　잔도(벼랑길)를 걷는다. 발아래 펼쳐지는 천 길 낭떠러지 밑 협곡의 풍광은 원시 자연 그대로의 모습이다. 인류의 시원인 곳처럼 느껴진다. 신비롭게 늘어선 바위산 봉우리들이 품은 세월의 적층은 자존감을 드러낸다. 신이 빚고 세월이 키운 대자연의 위력에 압도당하는 기분마저 든다. 태곳적 신비를 간직한 이곳이야말로 선계仙界이리라.
　걷기조차 아찔한 잔도를 어떻게 만들었을까. 불가능한 일을 해낸 초인적인 인간의 의지를 되새겨 본다. 인간 승리이다. 인간 능력의 한계는 어디까지일까. 벼랑길을 만들며 생을 마감한 사람들의 원혼이 잔도 곳곳에 부유하는 듯하다. 그들이 부르는 영혼의 노래가 바람결에 메아리 되어 들려오는 것 같다. 허공에 몸을 매달았던 그들의 값진 희생을 생각하니 숙연해진다. 우리가 편안하게 걷는 길은 보이지 않는 누군가의 노고와 희생 덕분일 터이다. 나 자신이 걸어온 길도 내 삶의 노고 덕분이다. 원시의 길에서 문명의 길로, 나의 길에서 세상의 길로 나아가는 길은 항상 힘들고 고달픈 여정이었다.

벼랑길 울타리와 나뭇가지마다 겹겹이 쌓인 붉은 매듭의 숲에 내 영혼이 빠져드는 느낌이 든다. 매듭은 부유하는 원혼들의 이루지 못한 꿈이 스며들어 핏빛으로 보인다. 그들은 남은 피붙이들의 무사 안녕을 붉은 매듭에 염원했으리라. 가슴이 시려온다. 바람이 소리 내어 운다. 소망을 품은 붉은 리본이 바람결에 춤을 춘다. 매듭은 보이는 것 뒤에 숨어 있는 강렬한 소원이 빛을 이루어 붉게 타오르는 꽃숭어리 모습이다. 불꽃의 춤을 보는 듯하다.

심신의 피로를 제쳐놓고 험하고 높은 곳까지 와서 매듭을 지은 이들은 어떤 마음이었을까. 보이는 것 이상으로 단단한 소망이 붉은 마음으로 묶여 있다. 그만큼 소원이 절절할 터이다. 하늘에 가까이 가닿을수록 소망이 이뤄지리라 비손했을 그들의 마음을 읽어 본다. 휘날리는 붉은 리본 매듭에 나의 소원도 얹어 본다. 세상살이는 만물과 사람들과의 관계 맺음이다. 인간과 인간, 인간과 일과의 관계 맺음으로 세상과 우주가 만들어진다. 관계 맺음이란 연결 고리로 이어지는 또 다른 매듭이다. 살아가면서 사람과 일에 매듭을 풀고 묶는 것은 수없이 겪게 되는 일이다. 매듭은 자신이 낀 안경 너머로 본 세상의 이치를 판단하는 기준일지도 모른다. 부질없는 가치로 매듭을 잘못 묶거나 풀 때는 인생이 송두리째 흔들릴 경우도 있다. 특히 사람과의 관계에서 잘못된 매듭은 가슴에 응어리가 되어 다시 돌이킬 수 없는 상황을 만들기도 한다.

부모와 자식, 남편과 아내, 형제자매처럼 끊을 수 없는 관계가 있다. 생이 다하는 순간까지 단단한 매듭으로 묶여 있다. 거부할 수 없는 천륜天倫 관계이다. 자식은 태어나면서 부모와의 천륜을 이어간다. 자식을 낳은 부모는 생의 무거운 껍데기를 죽을 때까지 벗지 못한다. 거부할 수 없는 생의 무게를 짊어진다. 자식들을 향한 가없는 사랑을 숙명으로 품는다. 부부는 백년해로의 언약을 동심결同心結 매듭으로 맺는다. 서로 같은 곳을 바라보며 인생의 동반자, 친구, 연인처럼 살아간다. 인생 여정에서 묶인 매듭이 풀리지 않게 서로 하심下心으로 살아가려 애쓴다.

흔히 말하는 하심이란 자신을 내세우지 않는 마음이며 진리 앞에서 겸손한 마음이다. 내가 걸어온 발자국이 방황의 길을 헤매온 것이 아닌가. 바라본 시선이 저 푸른 하늘과 푸른 나무가 아니라 이 세상의 아픔과 상처를 위한 것은 아니었던가. 얼마나 마음을 내려놓아 저 바다의 하심 같은 마음으로 살아갈 수 있을까. 진짜 나의 모습을 보는 것은 언제쯤이면 가능할까. 여태껏 품어온 사랑, 기쁨,

감사, 좋은 인연의 매듭은 더 단단히 묶고 싶다. 귀한 것일수록 공들여야 한다. 내게서 멀리 도망가지 않고 오래 머물 수 있도록 바른 마음 챙김이 필요할 터이다. 마음을 나누며 살아가는 세상에서 이타심으로 살아가야 할 것 같다. 묶고 싶은 매듭의 가치는 삶의 기쁨을 누릴 수 있고 살아갈 의미를 부여한다. 존재의 이유가 되기도 한다.

  타자에 대한 미움, 분노, 악연으로 묶어진 매듭은 하나씩 풀어야 할 때이다. 주관적인 가치 판단과 이기심이 마음의 문을 닫아 매듭으로 묶었는지도 모른다. 머리로는 이해되나 가슴으로는 받아들이지 못할 때가 많은 것 같다. 생각이 다르고 오해로 빚어진 엉킨 실타래를 풀어야 한다. 사람과의 매듭을 묶은 후부터 마음이 편하지 못하다. 나 자신의 평안을 위해서라도 타자를 수용하려는 마음 씀씀이가 더욱 필요하지 않을까. 나를 내리고 타자를 받아들이는 관용의 마음은 곧 자신을 사랑하는 또 다른 방법이 될 것이다.

  절에서 영가(靈駕, 망자의 불교 용어)의 극락왕생을 발원하는 '관음시식' 중간에 묵은 원한이 풀리길 바라는 '해원결진언解怨結眞言'이 나온다. 맺힌 원한을 풀어주는 진언으로 '옴 삼다라 가닥 사바하'이다. 생전에 화해하지 못해서 원한이 맺혀 있으면 좋은 곳으로 가지 못한다고 한다. 이승에서 지은 마음의 빚을 정리하고 떠나야 함을 일깨워주는 진언이다. 어둠과 어리석음에서 깨어나 밝은 지혜를 찾아가기를 바라는 가르침이다. 밝음은 부족한 것을 알고 채울 만한 것을 받아들일 때 이뤄진다. 지혜의 완성이나 깨달음은 어리석음의 어둠을 벗어날 때 가능하다.

　알게 모르게 바르지 못한 나의 말과 생각과 행동으로 상대방도 원한의 매듭을 품었는지도 모를 일이다. 이승은 물론 전생으로부터 이어온 원한의 매듭을 훌훌 풀고 가벼이 떠날 수 있기를 바란다. 보이지 않지만 원한의 매듭이 될 수 있는 모든 오해가 풀릴 수 있기를 소망한다. 그것이 행복으로 가는 길이리라. 누군가를 너그럽게 용서하지 못해서 마음이 모질고 매섭게 될 때 진창 같은 마음에서 헤어 나오지 못한 때를 반성하게 된다. 가슴에 맺힌 응어리를 내려놓아야 비워지고 가벼워지지 않겠는가.

　삶의 결이 사람마다 다르듯 매듭을 묶고 푸는 방법도 다양하다. 자기만의 방식으로 매듭을 묶고 풀기도 한다. 세상사에는 많은 색깔이 담겨 있는 매듭이 있다. 매듭에는 다양한 감정들이 스며 있으리라. 매듭을 묶고 싶은 올바른 가치와 좋은 감정을 키워 물이 흘러가듯이 순리대로 살아가고 싶다.

　서쪽 하늘로 기우는 해도 집으로 돌아갈 시간이다. 어둠을 불러들이는 산 그림자의 짙은 적막이 스며든다. 멀리 등 뒤로 천문이 허공에 매달려 있다. 올라갈 때 본 모습보다 내려올 때 느끼는 천문은 더욱 웅장하게 보인다. 하늘과 땅의 모든 것을 품어 안을 것 같은 모습이다. 언젠가 하늘까지 닿을 것만 같다. 하늘과 맞닿게 보인다. 붉은 리본 매듭을 묶은 누군가의 소망과 나의 바람을 천문 속으로 띄워 보낸다.

산방굴사를 오르며

 산은 그대로 앉아 있다. 멀리서 보이는 종鐘 모양의 산방산은 단아하다. 세속의 소리를 응집한 채 침묵하고 있다. 가까이 마주한 모습은 온통 절벽으로 이루어진 야트막한 산이다. 외벽은 길고 짧은 둥근 돌기둥으로 에워싸여 있다. 자연의 시간이 빚은 예술품이 큰 울림을 안겨다 준다.
 산방산은 저 혼자 도드라진 자태로 처연하다. 다른 오름이나 산으로 연결되지 않고 홀로 서 있다. 무엇이든 함께 어울려 있지 않은 것은 외로워 보인다. 한라산 백록담에 있던 봉우리가 뽑혀 던져져 만들어졌다는 전설처럼 애련하다. 산방산은 본래 있었던 곳을 그리워하며 수긋하게 서 있다. 단단한 고독이 산을 휘감는다.
 하늘을 향해 자존감을 드러낸 돌기둥마다 볕바라기의 초록 식물들이 시새우며 터를 잡았다. 다가올 싱싱한 초록의 계절을 부추긴다. 바위의 척박한 환경에서도 생을 부둥켜안고 태생을 원망하지 않는 나무들을 보며 강인한 생명력을 읽게 된다. 자연의 신비이다. 산방산은 봄빛이 따사로운 날에 내 가슴으로 안겨 온다.

산 중턱에서 바라본 남쪽 바다는 호수처럼 고요하게 보인다. 산의 외로움과 슬픔의 눈물이 흘러내려 바다를 이루었다. 잔잔히 일렁이는 파도에도 봄빛이 내려앉는다. 반짝이는 햇살에 윤슬이 눈부시다. 구름 한 점 없이 맑은 쪽빛 하늘이 수평선의 경계를 허문다. 멀리 보이는 형제섬의 형체가 손에 잡힐 듯 선명하다. 섬 속의 섬이라 처량하게만 느껴진다.

산허리쯤에 '산방굴'이라는 해식동굴이 남쪽 바다를 향해 들어앉았다. 이 굴에 불상을 안치하였기 때문에 산방굴사山房窟寺라 불린다. 은은히 퍼지는 목탁 소리에 맞춰 들려오는 '관세음보살'의 독경 소리가 허공을 가른다. 미혹한 중생들을 깨달음의 세계로 인도하여 고통 속에 헤매는 중생들의 마음을 편안하게 안정시켜주는 자비의 음성에 마음이 경건해진다.

연좌대에 앉은 부처님을 우러러본다. 향을 사르고 마음을 모아 촛불을 밝히고 합장하며 삼 배를 올렸다. 코끝을 자극하는 향 내음이 세포의 움직임을 곧추세운다. 석굴에 모셔진 부처님을 친견하니 저절로 신심信心이 솟구쳐 오른다. 알게 모르게 몸으로 입으로 생각과 마음으로 짓는 업業을 멸滅하기 위해 자신을 바로 알 수 있게 해달라고 기도했다. 가족의 무사 안녕과 생명이 있는 세상의 모든 것들이 잘 살아가기를 비손했다.

석굴 내부 천장 암벽에서 끊임없이 물방울이 떨어진다. 이 물방울은 산방산을 지키는 여신 '산방덕'이 인간 세상으로 나와서 고승과의 이루지 못한 사랑과 죄악으로 가득한 사람들이 사는 세상에 실망하여 다시 산방산으로 들어간 뒤 바위가 되었고, 이 바위에서 쉴 새 없이 떨어지는 '산방덕의 눈물'이라고 한다.

바위는 영원불멸의 천성을 지닌다. 세상에 돌처럼 침묵하며 변하지 않는 게 있을까. 옛사람들은 돌이 생명을 지니고 돌 속에 생령生靈이 깃들어 있다고 믿었다. 그래서 아직도 바위에서 산방덕의 눈물이 흘러내리는 것인가. 산방덕이 바위가 된 것은 산방산을 지키고 고승에 대한 변하지 않는 사랑의 표상이다. 여신이기에 지닌 모성 본능이다. 가없는 산방덕의 천성을 품고 싶다. 산방산의 암벽을 볼 때마다 산방덕의 애달픈 얼굴이 숨어 있는 듯하여 처량하기만 하다.

사람은 오욕칠정五慾七情으로 생성되는 기쁨과 슬픔이 혼재된 삶을 살아간다. 어떤 욕망이나 감정도 영속되지 않는다. 굵직한 인생사가 파도처럼 밀려왔다가 밀려갈 때마다 기쁨과 슬픔의 감정이 뒤섞인다. 이런 감정은 생의 길에서 겪은 일이나 자신의 인식 과정에 따라 강도가 다르게 느껴진다. 어찌할 수 없이 받아들일 수밖에 없는 일도 겪게 된다.

어떤 감정이라도 복받치면 눈물이 흐른다. 삶에서 눈물의 의미는 무엇인가. 여태껏 삶의 무늬를 이루는 고비마다 수많은 눈물을 흘렸다. 인생이 아름다운 이유가 되는 기쁨의 눈물과 세상을 저버릴 것 같은 슬픔의 눈물도 많이 흘렸다.

눈물은 마음이 녹아내려 생성된다. 눈물은 짠맛이 나는 만큼 깊은 마음의 정화 작용의 산물이다. 모든 상황을 받아들이고 거기에 스며드는 과정의 결과물이다. 눈물을 흘린다는 것은 내재된 감정을 다스리는 일이다. 마음을 치유하는 길이다. 치유하는 일은 자신을 올바르게 들여다보는 일이다. 자신과의 싸움이다.

눈물을 흘리는 것은 업을 녹여내는 일이다. 누구도 같이 갈 수 없고 아무것도 지니고 갈 수 없는 것이 죽음이다. 하지만 생전에 자신이 지은 업은 짊어지고 간다. 선업善業이든 불선업不善業이든 숨이 멎는 순간까지 남은 업은 아무도 대신할 수 없이 죽어서도 지니고 간다는 말이다. 생전에 공덕을 쌓은 만큼 업장은 소멸된다고 한다. 현재를 잘 살아야 하는 이유인가 보다.

옛 어른들은 눈물을 흘리는 것이 살아가는데 거름이 된다고 했다. 눈물을 흘리는 것은 자신에 대한 회한과 성찰의 시간을 마련하는 일이다. 눈물을 흘릴수록 하심下心이 발현된다. 하심이란 자신을 낮추고 마음을 비워내어 상대방을 수용하려는 마음을 지니는 것이다. 너른 품과 헤아리는 마음으로 상대방을 보듬는 일이다. 이타적인 삶을 살아간다면 타자와 원만한 관계를 이룰 수 있다는 말이다.

산방굴사를 내려오는 길에 "데엥댕 데에엥댕" 범종 소리가 나지막이 들려온다. 산방산 입구에 있는 사찰의 종루에서 허공에 울려 퍼지는 종소리다. 종은 자신의 영혼을 태우며 법음法音으로 산사를 울린다. 산 전체가 불법이 머무는 자리인 듯싶다. 온갖 만물이 숙연해지는 시간이다. 여운을 안은 종소리는 어리석은 중생들은 물론 산속의 나무와 새, 멀리 보이는 바닷속의 물고기와 해조류도 깨우치라고 울려 퍼진다.

잔잔히 부서지는 종소리에 내 마음의 불성佛性을 찾고 내면의 소리에 귀 기울여 본다.

새벽 불공

인적이 드문 새벽길에 나서면 새날을 열어가는 충만감을 느낀다. 오직 나만이 가치 있는 시간을 덤으로 얻는 기분이다. 묵묵히 거리를 밝혀주는 외로운 가로등만이 장승처럼 서 있다. 음산한 고양이의 울음소리가 애처롭게 정적을 깨뜨리는 시간이다.

새벽 4시에 시작하는 불공에 참가하기 위해 집을 나선다. 절에 가는 신새벽 길은 어두워도 무섭지 않다. 마음속으로 관세음보살을 염하면 무서움이 사라지고 모든 것이 안온함으로 다가온다. 새벽 정적의 시간은 다가올 낮 동안의 소음을 예비하는 때이다. 정적은 나를 변화시키는 작고 조용한 기적의 시간이다. 고요와 정적은 나 자신의 내면의 소리에 경청하는 시간에 그치지 않고 나를 부처님에게로 이끌어간다. 부처님의 광명이 나를 감싸줄 것 같은 믿음의 선물이 안겨 온다.

해마다 가는 남편의 생일 기도이지만, 오늘은 왠지 예전보다 정성이 더욱 움튼다. 아마도 나 자신이 소원하는 바가 간절한 까닭이리라. 몇 년 전에 심장 수술을 받은 남편을 위해서 할 수 있는 일이란 고작 절에서 기도를 올리는 것이 되어버렸다. 사람은 누구나 다름없이 극도로 어려운 상황에 처하면 그 나약함을 극복하기 위해서 하느님과 부처님께 빈다. 그러면서 구도자의 자세로 겸허해지는 것 같다. 수술실 앞에서 남편의 건강을 기원하며 뜻도 알 수 없는 지장경(지장보살본원경)을 열심히 독송하며 기도하던 기억은 아직도 생생하다.

어쩌면 종교 생활 그 자체가 자기 위안의 정신 수양인지도 모른다. 물질적 풍요로움 속에서 점점 피폐해지는 내면의 정원을 가꾸는 일인 게다. 마음을 바르게 다스리고, 그것을 올바르게 행하려는 끝없는 정진으로 늘 깨어 있도록 노력하는 것이다. 지금은 무병장수의 기세가 등등해 보이는 남편, 가없는 부처님의 가피와 신통력이 안겨다 준 고귀한 선물이라 여겨진다. 부처님 앞에 서면 참으로 경건해진다.

절에 다닌 지 짧지 않은 세월이 흘렀다. 이제야 철이 들려는지 진정 가슴으로 받아들이는 불자가 되고 싶다. 세월을 달려오면서 부처님의 참 진리며 기본적으로 독송해야 할 불경마저 외면했던 자신을 책망했다. 그래서인지 법당에 모셔진 부처님의 얼굴을 바라보지 못할 때가 있다. 부처님은 나의 모든 것을 꿰뚫어 보고 내가 자성하여 스스로 깨우치기를 기다려 주는 것 같다. 언제까지라도 모든 잘못을 포용하고 용서해 줄 수 있는 그런 미소를 보내고 있으니 미혹 중생을 끌어안으려는 자세인가 보다.

　석가모니는 고행에 들어가 6년간이라는 긴 시간 동안 수행하였으며, 35세에 보리수 밑에서 크게 깨달아 부처가 되었다. 그는 인간으로 태어나기 전에는 도솔천에서 수행하는 보살이었다. 석가모니는 고행을 통하여 오히려 건강과 기력을 회복하게 된다. 그리고 바라나시 근처의 보리수 아래에서 명상을 계속하다가 깨달음을 이루어 마침내 부처가 된 것이다. 그렇지만 세속을 살아가는 사람들이 지상에서의 수많은 힘든 세월을 살아가면서도 부처님과 같은 깨달음에 이르는 것은 얼마나 힘든 일인가.

　눈 오는 한겨울, 결혼 후 첫 번째 맞이한 남편의 생일 불공 때가 아슴푸레 떠오른다. 생일 전날 어머님과 같이 쌀, 과일, 향, 초 같은 공양물과 필요한 음식을 준비해서 절에 갔다. 절의 요사채에서 잠을 자고 새벽 4시에 일어나서 불공을 올렸다. 그때만 해도 힘들고 귀찮은 일로만 여겨졌지만, 나의 간절함으로 절을 찾게 된다.

　얼마 전, 진월당 인하 스님의 49재가 있었다. 앞이 보이지 않는 그분은 절에 갈 때마다 찾아뵙던 비구니 노스님이다. 그분은 목소리로 누구인지를 알아보고 늘 따뜻하게 두 손을 잡아주시며 편안함을 안겨 주었다. 그분이 베푼 따스한 정은 내 마음속에 깊이 간직되어 있다. 큰 위안을 받았다. 49재 때 해인 큰 스님의 법문을 자주 떠올리게 된다. 큰 감화를 받은 탓이다. 빠뜨리지 않으려고 수첩에 메모하면서 경청했다. 참된 불자가 되려면 이해와 용서, 참회와 사과, 평등한 마음, 너그러운 마음, 모든 것에 만족하는 마음, 욕심을 버리는 마음을 지녀야 한다고 생각했다. 한 번 화를 내면 악을 쌓는 것이고 한 번 용서하면 덕을 쌓는 일이 된다는 말은 알면서도 행하지 못함이 항상 안타깝다.

진정한 참 불자가 되기 위해서 작은 것 쉬운 것에서부터 자리이타自利利他행을 실천해야 하리라. 그것은 억겁의 세월을 품어 안은 전생에서의 업장을 소멸하고 복을 짓는 일이다. 밝은 내세를 위해 공덕을 쌓는 일일 것이다. 금생을 보면 전생에서의 삶의 모습이 보이고 현재의 인생 여정을 보면 내세를 짐작할 수 있을 터이다. 지나온 세월이야 어찌할 수 없지만 남은 생을 잘 살아갈 일이다. 인생의 가장 소중한 선물 같은 오늘 지금, 이 순간을 잘 살아야 한다. 잘 살아낸 하루는 더 나은 내일을 맞이할 수 있겠지. 머지않아 참 불자라는 생각을 굳히게 되리라 믿고 싶다.

합장하고 경내에 들어서니 목탁 소리와 염불 소리가 그득하다. 대웅전 앞에 나란히 서 있는 석탑은 아직도 말없이 어둠을 안고 있다. 거듭되는 목탁 소리에 끌리듯 대웅전으로 들어선다. 전율을 느끼며 대자대비하신 부처님을 향해 연신 절을 올린다. 내 인생의 참 주인은 바로 나 자신이다. 나 자신의 소리를 듣는 경청과 내 안의 미세한 마음의 소리를 통하여 전율하고 느낄 수 있는 삶이 되도록 더욱 노력하리라 다짐해 본다.

지극한 참회를 통해 참다운 불자로 거듭나려 함이다. 나의 참회는 세월이 일깨워 준 선물이 아닌가 싶다. 새벽의 은은한 여명이 부처님의 자비처럼 세상의 머리 위로 쏟아진다.

다른 이별

이별은 언제나 갑작스럽고 서러운 일이다. 아들과 절친의 어머니가 운명하셨다. 가슴 아픈 부고를 듣고 연화장을 찾았다. 이별 뒤의 고통은 크고 사그라지기 어렵다.

발인 시간 전에 도착하려고 서둘렀다. 전철 역 앞 공원의 나무들은 지난 계절의 굵고 깊은 흔적들을 안고 새로운 계절을 견뎌내기 위해 숭고한 채비를 하고 있다. 모양과 색깔, 크기가 다른 낙엽들이 서리를 맞은 채 이생의 흔적을 나타낸다. 오늘따라 떨어진 낙엽들이 처연하다. 무심한 낙엽이 주검처럼 느껴진다. 사람들도 각자 살아가는 색이 다르듯 떠날 때의 색과 크기도 다르리라. 서둘러 발가벗은 나목들은 내 마음을 더욱 시리게 했다.

지난봄, 제주로 여행 왔던 아들의 친구와 그의 어머니를 만났다. 그 여행이 모자간의 이별 여행이 되었고 내게는 고인을 마지막으로 만났던 때였다. 제주에 올 때마다 내 아들이 잠들어 있는 납골묘를 찾아 주었고 아들의 기제사 때마다 전화로 위로해 주는 아들의 대학 친구이다. 아들을 위한 그의 마음이 늘 고맙다.

고인에게 하얀 국화를 헌화하고 향을 사른 뒤 정중히 재배를 올렸다. 향 내음을 피우며 힘없이 느릿느릿 사그라지는 연기가 떠나는 고인 같아 마음이 아리다. 영원히 돌아올 수 없는 먼 길을 떠나기 전, 주변을 살펴보며 잘 살다 가노라는 인사를 하는 것 같다. 삶의 행로가 어떠했든 세상에서 잘 살다 떠나는 것이라 여기고 싶다. 남아 있는 자의 자기 위안일지 모르지만 이미 떠난 길 뒤돌아보지 말고 편안히 가시기를 바랐다.

결혼도 하지 않은 장성한 두 아들을 남겨둔 채 떠나는 어미의 마음을 내 어찌 알까. 곱게 단장하고 엷은 미소를 띤 영정 사진이 나를 보고 오히려 위로를 하는 것만 같다. 자식을 잃은 나를 위로하던 그녀가 아니었던가. 그래도 당신은 자식을 먼저 보내지 않아 다행이라고 말을 건네는 것 같아 참았던 울음이 터져버렸다. 자식을 두고 떠나는 어미와 자식 잃은 어미가 서로 다른 세상에서 마주 서 있다.

이런 자리를 마주할 때마다 고인의 영정 사진 속에서 환하게 웃는 내 아들을 보게 된다. 어미의 업보로 아들을 일찍 떠나보낸 것 같아, 천형天刑을 받은 죄인 같은 심정이다. 아들에게 다가가 마음을 다 주지 못했음이 아쉬움으로 남는다. 아들이 떠난 후에야 가족의 소중함을 절절히 느낀다. 남은 가족들에게 마음을 모아 최선을 다하려고 애쓰는 사람이 되었다. 이 또한 아들이 내게 주고 간과제이며 은혜이다.

  아들은 피지 못한 꽃봉오리에서 멈추고 말았다. 내가 꽃을 싫어하는 이유이다. 꽃이 아름다운 절정에 이르면 반드시 시들고 지게 마련이지만 그런 자연의 순리조차도 한동안 싫었다. 만개한 꽃들을 마주할 때마다 그 속에서 웃는 아들의 모습이 떠올라 가슴이 멘다. 선한 마음으로 나름대로 잘 살고 있다는 생각은 아들을 떠나보낸 후 무참히 짓밟히고 말았다. 아직도 더 낮게 하심下心으로 살아가야 할 모양이다. 순간순간 감사함으로 살아가려 애쓴다.

  세상에 죽음보다 더 큰 일은 없을 것이다. 그것이 혈육이고 눈에 넣어도 아프지 않은 자식일 땐, 견뎌내기 어려운 고통이 지속된다. 가슴 한구석을 도려내는 아픔을 감내해야만 한다. 죽음도 삶의 일부이며 그 과정이라고 받아들이기 위해, 영적 성장을 일깨워주는 종교에 의지하지 않고는 살아가기 어려웠다. 내면의 정원을 끊임없이 가꾸지 않고는 참아내기 쉽지 않았다. 반대로 어린 자식을 두고 떠나는 어미의 마음도 나와 다르지 않았을 것이다. 서로 다른 이별이지만 아픔의 정도는 같지 않을까.

  엄마의 자리는 아픔마저도 절제하고 마음속으로 삭여야 하는 게 숙명이다. 남은 가족을 위해 애써 슬픔을 외면해야만 한다. 속울음만 삼켰다. 연좌대에 앉아 중생을 제도하시는 부처님 앞에서 목 놓아 울었다. 절에 가는 일은 아들을 만나러 가는 일이 되었다. 잠시나마 잊었던 아들을 온전히 품고, 그 애와 함께했던 시간의 흔적들을 곱씹어보는 일이었다.

  세월의 힘인지 이젠 아들을 가슴에 묻으련다. 가슴 한구석에 지워지지 않는 멍 자국으로 평생 함께할 것이리라. 생이 다하는 날까지 늘 내 안에 있다. 이 세상 다할 때까지 늘 참회하며 그 애가 못다 한 삶까지 잘 살기 위해 애쓰며 살아가려 한다.

  스물아홉에 떠난 내 아들과 중년에 떠난 아들 친구의 어머니를 이별하기는 다른 것 같아도 마찬가지라고 생각한다. 남은 어미의 슬픔과 떠나는 어미의 슬픔을 무엇에 비교할까. 아들은 분명 더 좋은 세상에 태어나기 위해 이 세상을 먼저 떠났노라 믿고 싶다. ㅌ어머니도 여기 일 잊고 편안히 영면하길 기원한다. 부디 그 세상에선 행복하고 따뜻한 기억만 간직하길 바란다.

  우리 모두 가야 할 이승 너머의 세상을 그려본다. 장례식장에서 아들 친구와 그의 형을 힘껏 안았다. 내 아들 같은 생각이 들었다. 아니 그들에게 엄마이고 싶었다.

봄꿈

봄이 어린아이처럼 아장아장 걸어온다. 서두르지 않고 한 걸음씩 다가온다. 따뜻한 바람이 분다. 아파트 담장 너머로 불어온 남실바람이 부드럽게 볼을 감싼다. 향기로운 꽃 냄새가 살랑거리는 봄바람을 타고 코끝에 와 닿는다. 갑자기 온몸에서 생기가 돋아난다.

봄은 시작을 알리는 계절이다. 시작은 희망을 담을 수 있어 좋다. 골목길에서 아버지 손에 들린 군것질거리를 기다리듯이 다가올 시간을 기대해 본다. 눈길이 닿는 곳마다 설렘이 가득하다. 며칠 전까지 천둥과 벼락과 돌풍을 몰고 온 꽃샘추위는 새봄을 잉태하기 위한 숭고한 몸부림이었는지도 모른다. 찬란한 봄을 내어주기 위한 서곡이다. 씨앗들이 바람을 타고 새로운 시간을 맞이하기 위해 안간힘을 쓸 터이다. 모든 생명체는 기지개를 켜며 삶의 의지를 불태울 것이다. 겨우내 꽁꽁 닫아두었던 마음의 빗장을 활짝 열어본다. 연초에 다짐했던 계획들을 다시 들여다본다.

겨우내 겸손한 마음으로 납작 엎드려 있던 대지가 스르륵 스르륵 꿈틀거린다. 보드라운 흙냄새가 몽글몽글 피어오른다. 흙은 생명의 원천이며 만물 생성의 근본이다. 흙 속의 미생물들도 겨울잠에서 깨어나 유기물을 분해하느라 분주하다. 바람의 속삭임으로 대지는 더 풍요로워질 것이다. 나무들은 바람을 따라 뿌리의 양분을 가지에 나른다. 봄의 기운은 생에의 의지를 깨운다. 희망을 품은 봄은 우리 곁으로 성큼 다가오고 있다.

　연둣빛 잎새들 사이사이마다 봄빛이 스민다. 미풍에 새싹들이 시새워 퐁그랑퐁그랑 자라는 소리, 침묵하던 풀잎이 두런거리는 소리가 들린다. 벌써 진초록이 넘실대는 싱싱한 여름을 기대해 본다. 헐벗은 나목에선 푸르르 부름켜를 키우는 소리가 울린다. 아늑히 스며드는 계절의 기운을 받아들이려나 보다. 일찌감치 저 홀로 도드라지게 만개한 매화꽃은 할 일을 마쳤다. 매화는 잰걸음으로 새순 틔우기에 여념이 없다. 봄의 꽃 잔치에 꽃망울을 터트리며 얼굴을 내민 목련의 수줍음에도 봄은 깊숙이 내려앉았다. 더더귀더더귀 달려 있는 진빨강의 열매로 자존감을 한껏 뽐내던 먼나무도 되레 묵언 수행자가 된다.

　문태준 시인이 "공손한 말씨의 봄비 온다"라고 노래한 것처럼 비가 내린다. 봄에 오는 잦은 비는 하늘의 온기를 지상으로 안겨다 주는 고마운 비다. 새 생명이 움트는 대지를 적셔준다. 짙은 초록의 향연을 서두른다. 푸근하게 내리는 비는 겨우내 얼어붙은 눈물을 녹인다. 생명의 생성을 위한 준엄한 침묵과 절제된 사랑의 눈물을 흘리게 한다. 솔솔이 비가 내릴 때마다 내 마음도 촉촉이 젖어 든다. 가슴속에 응어리진 것들로부터 화해와 용서의 마음을 품게 된다.

봄비 내리는 날엔 유독 그리운 사람이 그리워진다. 홀연히 먼 길을 서둘러 떠난, 보고 싶은 얼굴들이 줄을 잇는다. 아름다운 계절을 향유할 수 없는 이들을 생각하면 가슴이 미어진다. 살아생전에 그들과 마음을 다하지 못한 아쉬움과 회한이 밀려온다. 천계天界에서 편안히 영면하기를 비손한다. 먼 훗날 다시 만나서 이생에서 못다 한 회포를 풀 수 있을까.

봄은 사랑하기 좋은 시절이다. 번식기를 맞아 서로 경쟁하듯 부르는 직박구리의 노랫소리가 아침을 깨운다. 새벽마다 아파트 베란다 창틀에 포르르 찾아와 오바드(aubade, 아침의 음악)를 들려준다. 작은 몸집인데도 소리가 요란한 걸 보면 애절한 노래를 부르나 보다. 직박구리의 사랑이 이루어지기를 바라는 마음을 보탠다. 모두에게 사랑은 서로의 마음을 한없이 키우게 하는 마력이 있다. 타자를 향한 뜨거운 가슴도 필요하지만 적어도 이 계절엔 자신을 향한 사랑을 돋우는 여유를 내어 보고 싶다.

봄에는 꿈을 꾼다. 설령 이룰 수 없는 꿈일지언정 희망을 걸어둔다. 꿈은 유효 기간도 없고 크기나 자격 제한도 없다. 눈에 보이지 않고 만질 수도 없다. 기대와 희망을 품고 이루려고 애쓰는 사람만이 꿈을 꿀 수 있다. 꿈은 가슴에 작은 씨앗을 심는 일이다. 한 해라는 짧은 세월의 단위 속에서 봄에 꾸는 꿈의 의미는 크다. 봄 꿈이 있기에 남은 계절을 잘 살아낼 수 있다. 실현 불가능한 꿈을 꾸는 몽상가가 아니라 작고 소박한 꿈이지만 이룰 수 있는 꿈이어야 한다. 꿈을 꾸는 것은 가슴 떨리는 일이다.

흐벅지게 만발한 벚꽃 같은 청춘의 봄은 어느새 지나갔다. 날이 갈수록 자신을 드러내는 일이 버거워진다. 그렇다고 열정이 식은 것은 아니다. 세상에서 수많은 꽃들이 별처럼 나타났다가 사라졌다. 잠깐 동안 축포祝砲를 쏘아 올렸다 금세 사그라지는 꽃은 싫다. 요란하게 일찍 피는 꽃들은 처연하게 진다. 서두르지 않고 도드라지지 않게 소곤소곤 피는 꽃이고 싶다. 깊은 산골짜기 바위틈에 피어난 들꽃이어도 좋다. 세파에 휘둘리고 풍파에 흔들려도 함초롬히 핀 꽃은 노년의 아름다운 봄을 불러들이리라. 누구에게나 쉽게 내보여 주지 않지만 바람 따라 따뜻한 미소를 보내는 꽃이길 꿈꾼다. 화사하지 않더라도 꽃처럼 피어나 꽃처럼 꿈꾸는 기품 있는 존재가 되고 싶다.

그러기 위해선 세상을 보는 하늘눈을 가져야 한다. 아프게 살아가는 이야기를 함께 나누며 서로의 마음을 나눌 수 있는 사람에게는 푸근한 마음이 필요하다. 보지 못하면 사물로부터 멀어지지만 듣지 못하면 사람으로부터 멀어진다는 말이 있다. 사람과의 관계를 맺고 살아가는 세상에서 상대방을 수용하고 그들과 소통하는 것은 중요한 일이다. 귀가 순해진다는 이순耳順의 나이인 육십에 이르니 누군가에 대한 배려와 스스로 마음을 내려놓는 일이 더욱 중요하게 느껴진다. 머리로는 이해하나 가슴으로는 행하지 못함이 안타깝다. 공덕을 쌓아 온 것이 아니라 오만과 독선의 성城을 쌓아 온 것 같아 부끄럽기 그지없다.

마음은 눈에 보이지 않고 만질 수도 없다. 팔 수도 있고 살 수도 없지만 누군가에게 줄 수 있는 가장 좋은 선물이다. 마음을 다스리는 것이 자신을 성숙하게 하는 일이다. 마음을 다스리는 것은 세상의 소리와 상대방의 이야기를 듣고 이해하려는 바른 마음의 문을 여는 일이다. 그것은 길고 힘한 겨울을 보내고 봄날을 맞이하는 것만큼 힘든 일이다.

따뜻한 봄날의 정원에서 작은 꽃 하나가 밤하늘의 별같이 반짝인다. 찬란히 다가오는 계절의 길목에서 마음의 문을 활짝 여는 봄꿈을 꾸어 본다.

공짜 선물

아침마다 떠오르는 태양은 찬연하다. 희망을 품은 해는 나날이 새롭게 비춘다. 끊임없이 대가 없이 내어주는 선물이다. 공기의 소중함을 모르며 살아가듯 자연이 주는 고마움을 외면한 채 살아간다. 살아갈수록 자연이 귀하고 가치 있게 느껴진다. 위대한 자연을 마주하게 되면 한없이 작아지고 경외심이 생기게 되는 이유이기도 하다.

인간은 해, 대지, 바다, 비바람을 마주하게 된다. 자연은 인간에게 여러 가지 형태로 자신의 모든 것을 한량없이 내어준다. 공짜로 내어주는 선물이다. 공짜는 아무런 노력이나 대가 없이 힘이나 돈을 들이지 않고 거저 얻은 물건을 말한다. 공짜를 싫어할 사람은 없을 것이다. '공짜라면 양잿물도 마신다.'는 말은 근원적으로 버릴 수 없는 인간의 욕심을 빗대어 표현해 준다. 인간의 마음은 오욕五慾이 내재 되어 있다. 버릴 수 없는 욕심은 세월이 갈수록 늘어간다.

사람은 자연을 떠나서 살 수 없다. 우리가 살아가는 대지의 씨줄 날줄의 위치에 따라 자연이 내어주는 내용은 달라진다. 햇볕이 내리쬐는 강도와 온도가 다르다. 바다의 면적과 그 속에 서식하는 해양 생물의 종류와 양도 다르다. 생각과 희망과 문화의 이동으로 변화를 꿈꾸게 하는 바람도 다르게 불어온다. 대지에 영양분을 주고 인간이 필요로 하는 수분을 공급해 주는 비도 내리는 양이 다르다.

자연은 스스로 생태에 맞게 스미며 살아간다. 모든 생물은 환경이나 기후에 적응하며 생존한다. 생의 의지가 강한 종種만이 살아남는다. 군락지가 생기고 서식지가 형성되는 이유도 이 때문이다. 저마다의 한계를 초월하는 자생력을 갖는다. 태생적인 본능이고 자연의 신비이다. 백 년도 못사는 인간보다 몇 곱절 긴 세월을 살아내는 생물들도 있지 않은가.

인간은 만물의 영장이라는 우월성으로 자연을 훼손하고 생태계를 파괴하고 있다. 문명의 발달과 편리함을 추구하면서 자연은 병들고 지구가 아파하고 있다. 치유할 수 없는 자연의 아픔은 인간이 방어할 수 없고 제어할 수 없는 기후변화로 나타나고 있다. 인간은 병들고 훼손된 자연으로 인해 일어나는 재해가 인간 세상으로 되돌아올 거라는 준엄한 경고를 잊어버리는 것만 같다. 점점 병들고 황폐해지는 자연을 생각하니 숙연해진다.

어렸을 때보다 숲이 줄어들고 빠른 도시화로 인해 흙이 설 자리를 잃어버리고 있다. 만물의 근원인 흙은 아스팔트로 덮여 있어 숨

쉴 수 없게 되었다. 날씨가 더워지면 아스팔트로 덮인 흙이 질식사할 것 같은 느낌이 든다. 요즈음 커 가는 아이들은 자연과 마주하기도 어렵다. 온기가 스민 흙을 만져보기도 쉽지 않다. 흙을 이용한 놀이 문화가 없는 편이다. 컴퓨터와 로봇 조립과 스마트 폰을 가지고 논다. 아이들이 어른이 되어 기억할 수 있는 동심이 없을 것 같아 허허롭다. 숲과 흙은 말 없는 스승이지만, 숲에서 느끼는 무한한 생명력과 흙에서 불러오는 순수함은 사라져 가고 있다.

아파트 후문을 나서면 소나무 숲과 마주한다. 계절의 변화를 온몸으로 느끼게 해주고 마음의 위안을 안겨다 주는 곳이다. 얼마 전부터 솔숲 사잇길이 도드라지게 다듬어졌다. 돌멩이나 자갈도 없이 매끄럽고 편평한 흙길이 만들어졌다. 요즈음 유행하는 어싱 Earthing의 열기가 바람을 타고 이곳까지 날아와 씨앗을 퍼뜨리는 모양이다. 어싱은 맨발로 흙이나 잔디, 모래밭을 걷는 운동이다. 지구의 전자기장을 접촉해 몸이 교감하는 활동이다. 처음에는 발바닥과 흙의 마찰이 거칠게 느껴졌다. 걷기 횟수가 늘어가면서 편안함을 안겨다 준다.

보드라운 흙길을 맨발로 걸으니 자연의 부드러운 자극이 온몸의 세포를 일으켜 세운다. 땅이 품은 기운이 발바닥으로 스며든다. 발로도 숨을 쉴 수 있다는 신기한 느낌이 든다. 숲의 에너지를 오감으로 느끼게 된다. 피곤한 일상의 날카로운 감성을 잠재워 주는 것 같다. 흔들리는 내면의 근육을 단단하게 엮는 기분이 든다. 어싱을 하면 땅에서 많은 것들이 말을 걸어온다. 예전에 듣지 못했던 나무들의 속삭임에 귀 기울인다. 살포시 안겨 오는 나뭇잎의 온기에 시름을 날려 본다. 청량한 공기를 쉴 새 없이 뿜어내는 초록 숲은 생의 의지를 솟구치게 해준다. 어느새 몸도 마음도 자연으로 돌아가는 느낌이 든다.

세계 곳곳에서 지구가 병들고 자연이 훼손되는 소리가 들려와도 실감 나지 않았다. 어싱을 하며 온몸으로 마주한 숲의 아픔과 고통을 절감하게 된다. 지구의 아픔을 잘 느끼고 있는지 생각하게 된다. 작은 숲길에서 마주하는 '숲멍'에서 조용한 내면의 소리가 귓전에 맴돈다. 숲의 밀어, 바람의 속삭임이 귀를 간지럽힌다.

자연이 베푸는 고마움을 되새겨 본다. 자연을 훼손하지 않으려는 생각과 행동이 필요한 때이다. 자연이 아프지 않고 본연의 모습을 오래도록 볼 수 있게 공을 들여야 한다. 사람이 자연으로부터 무한한 혜택을 누리는 만큼 자연을 아끼고 사랑하는 마음을 보낼 수 있다면 얼마나 좋을까. 사람이 자연에게 내어줄 수 있는 값진 선물이다. 자연과 환경을 지키고 다음 세대를 위해 넘겨주는 일이 우리가 후손을 위해 할 일이다.

홀로 서 있는 나무보다 무리 지어 숲을 이룬 나무를 볼 때 질주하는 생명력을 읽게 된다. 사람은 혼자 살 수 없다. 수많은 인간 군상들이 모여 사는 혼란한 세상일지라도 어우러져 살아가는 모습이 미덥다. 사람이 꽃보다 아름다운 이유이다.

사람이 사람에게 줄 수 있는 것은 무엇일까. 상대방에게 베푸는 따뜻한 마음, 밝은 미소, 친절, 공감을 주는 일이다. 마음은 만질 수도, 볼 수도, 팔 수도 없지만 남에게 줄 수 있는 최고의 선물이다. 상대에게 대가 없이 마음과 사랑을 나누는 일이다. 남의 아픔을 함께 나눌 수 있는 푸근한 마음을 지니면 좋겠다. 자신의 아집과 오만을 버리고 마주하는 사람에게 좋은 기운을 줄 수 있기를 바란다.

사람은 감성이 있어서 꽃보다 아름다울 수 있다. 감성은 선한 마음을 키울 수 있는 마력이 있다. 자연 안에 있을 때 감성은 한껏 부풀어 오른다. 사람이 자연을 찾는 이유가 아닐까. 아무리 진한 꽃향기도 천 리까지 퍼지지만 사람의 향기는 만 리까지 퍼진다. 인품의 향기는 오래 가슴속에 남아 선한 영향력을 베푼다. 상대방을 존중하고 배려와 관용의 자세로 노력하면 서로에게 그 향기는 오랫동안 스며있게 될 터이다.

사람과 자연은 더불어 살아가고 있다. 살아가는 것은 관계를 맺는 일이다. 관계는 상대적이다. 자연은 사람에게, 사람은 자연에게 소중한 존재이다. 서로에게 스스럼없이 내어줄 수 있는 마음을 지니면 좋겠다. 어느 한쪽에서만 베푸는 것이 아니고 서로 도움이 되는 선물이면 좋을 듯싶다. 오래도록 서로 어깨를 내밀며 함께할 수 있는 날들을 그려 본다.

내일도 태양이 떠오르면 자연의 소리와 내 안의 소리를 들으러 소나무숲을 찾으리라.

동창들과의 만남

　오랜만의 해후다. 여느 모임보다 헤어스타일과 옷맵시에 은근히 신경 썼다. 나이 들어 보이지나 않을지, 옷 색깔이나 모양새가 화려하고 요란한 게 아닌지 조심스럽다. 동창들에게 좋은 인상을 주고 싶다.

　여름 방학 특강을 수강하는 중1 딸과 함께 서울에 머무르는 동안 재경 초등동창회장 ㄱ의 권유로 모임에 참석했다. 이 모임은 삼년 전부터 시작했다. 서울, 대전, 수원, 분당에 살고 있는 친구들과 만나 분위기도 좋다. 제주에선 '제주ㅂ교' 개교 100주년을 계기로 동창회가 결성되어 동문 회원들을 보듬어 껴안기에 모두 노력하고 있다.

　교대역 부근 고향 동기생이 가족들과 운영하는 '용두암'이라는 식당에서 만났다. 타향에서 보는 낯익은 간판에 진한 감동이 일었다. 알 수 없는 애향심이 솟구친다. 갓 삶아 육즙이 먹음직한 흑돼지 수육의 돔베고기, 찹쌀을 넣은 막창순대. 모자반 냄새가 구수한 몸국, 제주 바다를 품은 칼칼한 맛이 일품인 은갈치조림, 묵은지의 깊은 맛을 품은 고등어조림, 시원한 여름 별미인 자리물회, 부드럽고 깊은 맛을 품은 한치물회, 곤고한 세월만큼이나 짭조름한 자리젓갈 등의 메뉴로 고향 냄새가 묻어 나온다. 토속적인 음식들이다.

어머니의 깊은 손맛을 느끼게 하는 고향의 음식들이다. 음식에 대한 기억은 맛보다는 그 안에 녹아내린 사람과의 끈끈한 정과 그리움을 떠올리게 된다. 음식은 삶을 담은 또 하나의 그릇이다. 서로 함께했던 추억을 소환하며 기억되는 맛이다. 오늘의 소중한 만남도 먼 훗날 아련한 추억으로 회상되리라 믿고 싶다.

6학년 때 우리 반의 남학생도 세 명이나 있다. 이마에 주름이 선명한 ㅊ, 눈가에 다크서클이 인상적인 ㅈ, 머리에 하얗게 눈이 내린 ㄷ, 머리색이 흑백의 투톤으로 배합되어 예술가다운 ㄴ, 넓고 흰 이마가 안쓰러워 보이는 친구 등 모두 얼굴에 세월이 스며 있어 쇠락해 보인다. 그들의 얼굴에는 삶의 무게가 묵직하게 내려앉은 것처럼 보여 마음이 심란하다.

초등학교 때 알파걸로 동창생들의 선망의 대상이었던 ㅎ도 세월의 무게가 실린 모습이다. 세상은 알파걸을 알파우먼으로 당당하게 자리매김하게 놔두질 않는가 보다. 살림과 육아에만 전념하는 여성이 모든 일로부터 자신의 능력이 단절되는 현실을 어찌할 수 없음이 안타깝다.

어렸을 때는 고무줄놀이, 사방치기, 공기놀이, 소꿉장난, 숨바

꼭질, 늑목사다리놀이, 정글짐놀이를 하며 한데 어울려 놀았다. 늑목사다리놀이를 할 때는 높은 곳에 올라가서 내려올 때 무서워서 진땀이 났던 기억이 또렷하다. 그때 이후 줄곧 그네뛰기나 바이킹 배타기 등 높은 장소로 이동하는 놀이는 멀리했다. 여럿이 무리 지어 놀면서 서로 관계가 돈독해지고 정도 도타웠다. 그 속에서 서로 양보와 배려하는 마음을 키워냈던 것 같다. 우리 세대는 이타적 삶을 살아가는 것이 자연스럽게 몸에 뱄을 터이다.

요즈음 아이들은 골목길과 놀이터나 학교 운동장에서 친구들을 만날 수 없고 사설 학원이나 교습소에서 벗들을 사귀게 된다. 몸으로 부대끼며 살가운 정을 키워낼 형제 없이, 혼자서 하는 놀이 문화가 대세이다. 타자에 배려나 이해하는 마음이 움틀 수 없으리라. 공동체적 자아를 형성하기 어렵고 자기중심적 사고가 지배적일지도 모른다. 개인적인 감성은 있으나 공동체적 공감대는 찾아보기 어려워 아쉽다. 우리 세대처럼 벗과의 끈끈한 유대관계가 이어질지 염려스럽다. 이들이 어른이 되었을 때 빛바랜 추억 속에 아련한 동심을 담아낼 수 있을지 괜히 쓰라린 심사이다.

남자 동창들의 모습에 연륜의 두께가 깊은 골을 이루고 있어 가슴이 먹먹하다. 힘겹고 치열하게 고단한 삶을 살아가는 우리 시대 가장들의 모습이다. 그들은 자신들만의 둥지를 잘 지키며 그 안에서 꿈을 키워나가려고 지난한 시간을 묵묵히 버텨왔다. 세월은 정직하고 잔인하다. 그들과 유년의 기억 속의 얼굴들과 서로 매치하면서 초등 6학년 열세 살의 모습을 애써 떠올려 본다.

살아온 인생행로는 달라도 저마다 삶을 대하는 자세와 열정은 진심이었으리라. 인생의 정점에서 각고의 노력으로 자신이 처한 상황에서 최선을 다하고 있는 모습들이다. 그들을 보면서 삶을 잘 살아야겠다는 생각이 절실하다. 부단히 노력하면서 말이다. 나이에 걸맞게 웰빙과 자녀 교육에 대한 대화가 주를 이룬다. 의사·한의사·교사인 친구들이 한몫했다. 갱년기를 맞은 동창생들의 정신 건강 요법 및 정기적인 건강 검진의 필요성도 화두가 된다. 동창들과 그 가족들의 건강을 염려해 주는 마음 씀씀이가 고맙다.

삶이 그렇듯, 정석이 없는 자녀 교육면에서는 열띤 토론의 장이다. 아버지 어머니의 입장에 따라 그 주장은 확연히 다르다. 부모가 서로 조화로운 생각으로 불협화음을 보듬는 역할을 하리라 믿는다. 자식들이 바른 인성을 지닌 사람이 될 것을 바라는 마음만은 한결같다.

같은 연배 여느 모임에서의 분위기와는 사뭇 다르다. 맑고 순수한 친구들이다. 초등학교 6학년 그 시절의 영상 속에서 행복을 주워 모았다. 공유했던 아련한 추억들이 있어서 더욱 정겨운 분위기다. 한꺼번에 해묵은 시간 덩어리를 꿀꺽 삼켜버린 기분이다. 지난 세월은 언제나 회한悔恨이 남는다. 시간을 되돌려서 다시 살 수 있다면 지금보다 더 나은 삶을 살고 있을는지….

제주의 훈훈한 인심이 방 안에 가득하다. 고향 사람을 만날 때

나 다른 재경 모임에서도 이곳을 찾아온다니 고마운 일이다. 고향 사랑을 말없이 실천하는 것이 아닌가. 그야말로 제주인의 넉넉한 마음을 엿볼 수 있다. 고향 사람만이 쏟아 내는 풋풋한 정을 말이다. 세련미가 없어 투박하지만 진솔한 사람 냄새가 짙은 그런 고향 사람을 좋아한다.

  동창들의 정겨운 웃음소리가 밤을 재촉한다.

방패防牌

1. 염불 소리

아기가 태어났을 때 시어머니는 삼칠일(세이레) 동안 가족이 아니면 볼 수 없게 했다. 아기가 누워있는 머리맡에 성냥과 깐 마늘을 넣은 그릇을 두었다. 밤에는 아기에게 해로운 기운이 감돈다고 외출을 삼가라 했다. 아기를 안고 외출할 때도 작은 성냥과 붉은 팥을 강보에 넣고 다니게 했다. 붉은 팥이 염주알처럼 아기에게 해가 되는 사악한 기운의 접근을 막기 위해 방편으로 쓰였다. 무속이나 불법佛法을 가리지 않고 자손을 귀히 여기고 새 생명을 지키기 위한 마음이 간절하다. 시어머니는 자손은 하늘이 점지해 주는 일이라고 믿었다.

아기방에 놓인 카세트 플레이어에서 묵직한 목탁 소리와 함께 '관세음보살' 염불 소리가 사위에 울려 퍼졌다. 구성진 스님의 법음法音이 거듭될수록 좋은 기운이 사방을 에워싼 것처럼 느껴진다. 쉴새 없이 관세음보살의 명호가 허공을 가를 때마다 사바세계의 근심 걱정을 품어주는 것 같다. 그 위신력威神力으로 아기를 보호하려는 염원이 솟구친다. 신·불께 비손하는 나약한 인간의 의지를 읽게 된다. 새 생명에게 법음法音이 스며들어 아기가 동자童子스님이 되지나 않을까 걱정하곤 했다.

인간은 생명 보존과 종족 보존의 원초적 본능이 있다. 생명의 영속성을 이루는 근간은 종족의 번식이다. 사람이 태어나는 것은 가장 기쁜 일이다. 더군다나 자손을 얻는 일은 축복받아 마땅하다. 예나 지금이나 사람보다 귀한 존재는 없기 때문이다. 요즈음에는 아기 울음소리를 듣는 일도 흔치 않고 아이들을 만나기도 어려운 세상이다. 새 생명의 탄생은 또 하나의 우주를 지니고 오는 일이다.

오늘도 습관적으로 되뇌어 본다. "관세음보살 관세음보살…."

2. 소금단지

신혼 초, 가풍을 익히기 위해 시댁에서 1년 남짓 살았다. 시부모님이 마련해 준 아파트로 이사할 때 시어머니는 희고 굵은 소금이 들어있는 '소금단지'를 주셨다. 제주옹기여서 더욱 마음이 끌렸다. 어려서부터 익숙하게 함께했던 항아리여서 낯설지 않아서 편안했다. 왠지 좋은 기운이 담겨 있을 것만 같은 믿음이 생긴다. 자연스럽게 품는 불그스레한 옹기의 색이 따뜻하게 느껴진다. 단지 안에 있는 소금은 내게로 온 후부터 방패의 시간을 적층하고 있다. 좁은 주둥이의 소금단지 안에 짠 내 나는 인생사가 소금과 암팡지게 뒤섞여 있다.

시어머니는 소금단지를 주방 선반 맨 위에 잘 모시라고 했다. 신주神主단지 모시듯 신성시한다. 사십여 년 동안 우리 집을 지켜주는 보물단지이다. 시어머니도 시할머니에게 받은 소금단지가 있었다. 이사를 할 때도 소금단지는 귀하게 여기며 다른 이삿짐보다 먼저 옮겨 정성을 다한다. 소금이 살아가는데 해가 되는 나쁜 기운이 들어오는 것을 막기 위해 부적 역할로 쓰였다. 소금이 바다의 기운을 품어 방패로 쓰인 것이다. 사찰에서도 여러 전각의 처마 위에 자그마한 소금단지를 놓아서 화재를 예방하는 부적으로 쓰인다.

인생에서 시련과 고통 없이 부귀영화를 소망하는 것은 인간의 원초적 본능이다. 저마다 기도하는 방식은 다르겠지만 소원을 이루고자 하는 절절함이야 같지 않을까. 희망을 향해 고단한 인생길을 묵묵히 살아가는 이유이기도 하다. 그 꿈이 실현되기 위해서는 편안한 몸과 바른 마음과 최소한의 재물이 있어야 한다. 소금은 예로부터 재물을 부르고 나쁜 기운을 막기 위한 부적 역할로 쓰였다.

소금은 본성을 잃지 않고 꾸밈이 없다. 무심한 듯하면서도 다른 것에 휘둘리지 않고 본성을 유지한다. 세파에 흔들림 없이 본연의 맛을 지킨다. 항상 스스로 나서지 않는 조연 역할을 하지만 가장 중요한 존재이다. 소금을 마주할 때마다 퇴색되지 않는 자존감을 배우게 된다. 소금의 흰색은 청결과 순수, 빛과 신성함을 상징한다. 정의가 무엇인지 참과 거짓이 무엇인지 그 진위를 분별하기 어려운 요즈음에 소금처럼 나를 잃지 않는 삶이 되기를 소망해 본다.

3. 꿈 해몽

　수면 중에 나쁜 꿈이나 좋은 꿈을 꿨을 때는 습관처럼 하는 게 있다. 시어머니는 좋은 꿈을 꿨을 때는 "길몽은 들어오라."라는 말을 세 번 외치고, 나쁜 꿈에는 "흉몽은 나가라."라는 말을 세 번 외치라고 했다. 꿈에서라도 좋은 기운은 붙잡아두고 나쁜 것은 막으려는 마음의 표시이다.

　꿈은 현실과 반대로 나타나기도 한다. 그런 이유로 길몽과 흉몽의 판단이 모호할 때도 있다. 꿈을 해몽하는 것은 개인의 경험과 상황에 따라 다르다. 흉몽은 나쁜 일을 미리 알려주는 예지몽일지도 모른다. 나쁜 꿈도 좋은 생각으로 대처하고 미리 조심하면 불안한 마음이 누그러질 수도 있을 것이다. 길하고 흉하다는 것도 마음먹기에 달렸다. 항상 '그럴 수 있어', '이만해도 다행이야'라고 마음을 다스린다.

　살아 있는 사람만이 꿈을 꾼다. 꿈은 살아가는 힘이 된다. 꿈을 꾸는 일은 나이, 자격, 크기도 제한이 없다. 현실에서 이루고자 하는 욕구가 강할수록 꿈에 자주 나타난다. 실현 불가능한 허황한 꿈이라도 꿈속에서는 이루어지기도 한다. 해결하고자 하는 문제의 불안감이 무의식적으로 꿈에 나타날 수 있다. 꿈을 꾸는 일은 소원을 이루려는 습관적인 마음의 발현인지도 모른다. 습관 자체가 무의식의 영역에 가장 맞닿아 있기 때문인지도 모른다.

잠자리에 들 때마다 습관적으로 '관세음보살'을 여러 차례 읊조린다. 하루를 잘 살아낸 나만의 기도 방식이다. 때로는 소원을 품은 달콤한 꿈을 꾸기 위해 잠을 청한다. 보고 싶은 이들, 영원히 만날 수 없는 그리운 이들을 만날 수 있다. 보이지 않는 것들도 꿈속에서는 닿을 수 있다. 예로부터 생각이 씨가 되고 말이 씨가 된다고 했다. 말과 생각과 행동을 바르게 하라는 뜻이다. 매양 같은 생각이 행동으로 이동되고 습관으로 이어지면 서로 어우러져 기대 이상의 효과를 얻을 수 있다. 꿈이 실현될 가능성이 커진다.

우리는 거친 파도를 마주하고 시련과 고통을 견디며 살아간다. 저마다의 부적 역할을 하는 방패의 종류는 여러 가지가 있다. 방패는 부적 한 장을 지갑에 넣어주는 어머니의 마음 같은 것일지도 모른다. 자식들에게 삶을 지켜주기 위한 원초적인 마음의 표현이다. 저마다의 방식으로 염원을 담은 기도로 대신하기도 한다. 어떤 형태의 삶이라도 살아가는데 무사 안녕을 기원하는 마음은 다르지 않을 성싶다.

세상은 빠르게 변한다. 앞날을 예측할 수 없는 위험이 도사리고 있는 세상이다. 방패 역할을 하는 게 여러 가지가 있지만 가장 강력한 것은 '일체유심조一切唯心造'다. 모든 것은 마음먹기에 달려 있다. 모든 일에 마음가짐이 중요하다. 마음가짐을 바르게 가져야 한다고 생각해 본다. 무너지는 생각들을 모아 올바른 마음 챙김의 삶이 되기를 꿈꾸어 본다.

3부

갓을 품다

반닫이와의 인연

초가을 햇살이 쾌청한 날이다. 지난여름보다 기죽은 햇빛이 안방에 있는 반닫이 위로 비친다. 반닫이의 나뭇결에 은은한 빛이 스민다. 얼마 전 동백기름으로 닦은 태가 난다. 동백기름을 바르며 외할머니와 친정어머니와 내 삶을 보듬는다. 퇴색하지 않고 윤이 나는 삶을 위해 관조하는 시간을 갖는다.

오래된 것들에 대한 애착이 유별한 걸 보면 나이가 드나보다. 오래된 사물들과 마주했던 시간의 길이에 깊은 애정을 느끼게 된다. 세월의 시간이 스민 물건은 삶의 이야기를 품는다. 손길이 닿은 사물에는 마음이 담겨 있다고 생각해서인지 그런 물건들을 특별히 아끼게 된다.

반닫이는 내가 시집올 때 친정어머니가 주셨다. 시집가서 잘 살라고 맏딸에게 전하는 애틋한 마음이 담긴 물건이다. 친정어머니가 시집올 때 혼수로 가져왔던 것이다. 외할머니의 영혼이 서려 있고 대물림되는 소중한 물건이다. 외할머니에 대한 기억은 없다. 내가 기억할 수 있는 나이가 되었을 때 이미 이 세상 분이 아니었다. 친정어머니의 회억 속의 외할머니만이 있다. 친정어머니의 삶 속에서 그분을 떠올리게 된다. 결혼 후 사십여 년을 함께한 반닫이는 세월의 그림자가 고스란히 배인 물건이다. 보면 볼수록 지난 시간과 삶의 의미가 남다르다.

　반닫이는 안방 벽에 걸린 수묵 산수화 그림 액자 아래 놓아두었다. 산수화와 반닫이는 서로 잘 어우러져 고졸한 멋이 있다. 그 위에 외손자 모습이 담긴 사진 액자가 놓여 있다. 반닫이가 내게 온 인연처럼 아주 오래전의 인연으로 외손자도 만나게 되었으리라. 외손자를 얻은 이후 조그맣고 귀엽고 보잘것없는 것에 마음이 가 닿는다. 모든 것들에게 그저 고마운 마음을 지니게 된다. 세월이 갈수록 도처에 감사할 일 천지다.

　장인의 손길이 닿은 반닫이는 매듭새가 깔끔하고 단아하다. 장인은 세상을 떠났지만 손수 심혈을 기울여 정성껏 만든 반닫이를 삶의 흔적으로 남겼다. 장인과 반닫이와의 끊을 수 없는 인연이다. 어쩌면 장인과 나와의 인연도 아득한 옛날부터 연결 고리가 있었는지도 모른다. 그가 남긴 반닫이를 애지중지하고 있으니 말이다.

　내 인생의 흔적은 어떻게 남을 것인가. 내 아이들은 물론 나와 인연 맺은 이들에게 어떻게 기억될지 끊임없이 되뇌어 본다. 세월이 갈수록 어떻게 살아갈 것인가가 숙제다. 삶은 속도가 아니라 방향이 중요하다. 생각하며 살아가는 인생길은 그렇지 않은 것보다 조금은 나을 터이다. 살아갈 시간을 생각하게 된다. 시간은 언제나 되돌릴 수 없어 회한과 아쉬움이 남는다. 지난 시간은 잊어버리고 앞으로 남은 날들을 생각하며 소중한 삶이기를 간구한다.

반닫이에 부착된 검은 무쇠로 만든 장석은 예스럽다. 앞면을 꾸민 장석은 말없이 전통 고가구가 지닌 묵직한 멋을 자아낸다. 도드라지지 않지만 중후한 전통미를 품는다. 버선코 모양의 경첩은 반닫이의 위쪽과 열린 쪽을 굳게 닫아 반닫이의 침묵을 종용한다. 제주 반닫이의 단아한 멋과 넘치지 않는 절제미를 볼 수 있다.

반닫이는 속정을 내색하지 않는 제주 여인의 은근한 마음이 배어 있는 듯하다. 험난한 세상사로 표출되는 형형색색의 감정을 마음속 깊이 삭이는 여인네의 모습이 보인다. 반닫이에는 외할머니와 친정어머니와 나의 한숨과 눈물과 기쁨이 둔중하게 스며있다. 반닫이의 무게보다 무거운 침묵이 내려앉는다. 침묵은 남은 생을 잘 살아내기 위한 결연한 의지이다.

반닫이는 오래전 인연으로 내게 왔다. 그것에는 억겁의 세월 전에 느티나무의 초록의 시간에서부터 시작된 인연의 고리가 연결되어 있다. 그로부터 장인의 손길을 거쳐 오늘의 나와 마주하게 되었다. 외할머니에서 친정어머니를 거쳐 내게로 온 길디긴 인연의 연속이다. 반닫이는 다시 내 딸들에게까지 질긴 인연을 이어갈 것이다. 세상의 만물은 인연에 의해서 이루어진다. 이 아득한 인연의 순환의 연속에 의해 나의 삶이 이루어져 왔다.

일생 동안 엄마, 아내, 며느리, 딸 노릇을 잘하려고 동동거렸다. 모든 부모가 그렇듯이 자식들이 바른 인성을 지닌 사람다운 사람으로 커가기를 애면글면한다. 남에게 폐를 끼치지 않는 사람이 되기를 비손한다. 더 욕심을 내어 머무는 자리마다 향기가 나는 사람이기를 바란다. 반닫이를 열어볼 때마다 풋풋하고 때 묻지 않았던 젊은 시절이 아련히 떠오른다. 다시 되돌릴 수 없는 세월이 야속하기만 하다.

반닫이를 볼 때마다 친정어머니 생각에 애참하다. 굴무기(느티나무)의 뿌리 부분에 가까운 용목이 쓰인 제주 반닫이는 나뭇결이 선명하다. 반닫이의 멋을 살려주는 나뭇결에서 틈날 때마다 동백기름으로 닦던 친정어머니 얼굴의 주름살이 보인다. 주름살은 지난한 인생길을 살아온 삶의 흔적이다. 묵묵히 한 생을 살아온 훈장 같은 징표이다. 어떤 행로를 살아왔어도 지나온 시간은 소중하다. 구순의 기나긴 인생 여정을 달려온 어머니의 생은 존귀하다.

먼 훗날, 내 딸들도 반닫이에서 나의 모습을 떠올려 주기를 간절히 바란다. 자신들을 위해서 힘껏 살아온 한 여자의 일생을 곱씹어 보기를 바란다. 자신들이 살아온 시간 안에서 엄마의 모습을 기억해 준다면 더없이 좋겠다.

내 안의 강한 모성은 친정어머니로부터 이어져 온 것인지도 모른다. 친정어머니는 오십 대 초반에 남편을 떠나보냈다. 울읍한 나날을 가슴속에 삭이며 남몰래 얼마나 많은 눈물을 흘리셨을까. 가

숨이 아려온다. 내가 엄마로 살아온 시간만큼 기나긴 세월을 홀로 살았다. 매사에 강단을 보이며 자신만의 인생길을 숙명으로 여기며 걸어왔다. 내게도 위기를 견뎌내는 강한 유전자가 있는 것 같다. 긍정의 아이콘이다.

   반닫이에는 인생길이 물결처럼 무늬를 이룬다. 삶의 희로애락이 배어있다. 어쩌면 반닫이를 수놓은 나뭇결이 시련과 고통으로 살아온 지난 세월의 고비를 보여주는지도 모른다. 굵고 짙은 나뭇결은 감내하기 어려운 큰 고비를 말하는 것이고, 가느다랗고 옅은 무늬는 일상에서의 힘난한 인생사를 보여준다. 지난 인생의 고난을 생각하며 반닫이를 바라본다.

갓을 품다

 갓을 바라본다. 어느 양반이 벗어 놓고 간 것일까. 유리 상자 속에 예스러운 자태로 앉아 있다. 무슨 상념에 잠겨 있는 걸까. 세월이 흘러도 고고한 자태를 뽐낸다. 갓은 문갑 위에서 커튼 사이로 내비치는 햇살을 받으며 지난 생의 시간을 품고 있다.
 오래전에 갓이 사라진 세상이다. 유리 상자 속의 갓은 면구스러운지 '에헴' 헛기침하며 시선을 회피하고 있다. 세파를 피해 가는가. 세상과 단절된 귀양지에 유폐된 선비처럼 갇힌 공간에 앉아 있다. 올올이 엮어진 씨실과 날실에는 고독한 인생사가 촘촘히 박혀 있다. 만고풍상을 겪어낸 내공이 느껴진다. 갓은 말없이 연륜의 흔적을 적층하고 있다.
 갓은 조선 사대부의 모습을 가장 잘 보여주는 물건이다. 관직의 높낮이를 나타내며 사회적 신분을 상징한다. 품위 유지를 나타내고 어른의 표상이다. 크기에 따라 남성의 지위가 결정되고 배우자인 여성이 누릴 수 있는 권위도 달라진다. 남성 우위가 지배적이던 시대에 여성의 인권은 흑립(옻칠을 한 검은 갓)의 색깔처럼 어두운 그림자를 품었다. 당시 여성들은 핍박받는 삶을 살아왔다. 그분들의 지난한 삶이 이어져 오늘에 이르렀다. 여성으로서 그 시대가 아닌 현대를 살아가는 일이 축복처럼 여겨진다. 조선 시대에 태어나 의관을 정제하고 갓을 쓴 남편 모습을 상상하며 웃음 짓곤 한다. 남편이 쓴 갓에 맞는 나의 권위는 어떠했을지도 자못 궁금하다.

남편은 고미술품이나 골동품 수집에 관심이 많았다. 그것들은 고졸한 멋을 품어 집안을 꾸미는 데 충분한 역할을 해냈다. 하지만 신혼 시절에는 현대적 분위기와는 거리가 멀고 나이에 걸맞지 않아 고리타분하게 느껴졌다. 젊은 꼰대 느낌이 풍겨 달갑지 않게 생각했다. 골동품이 다른 물건보다 가격이 비싼 이유도 한몫했다.

나이 들면서 남편이 모아둔 물건들이 외려 소중하게 느껴진다. 마음의 여유가 생기니 그것들이 가치 있고 귀하게 보이기 시작한다. 웬일인지 눈길이 머문다. 볼수록 마음이 끌리고 애장품이 되어간다. 살아가면서 외면받거나 스러지는 것들에 대한 연민인지도 모른다. 오랜 시간을 함께한 세월이 빚은 선물인가 싶다. 그것들을 매양 마주하고 있으면 편안한 정감을 느끼게 된다. 그것들이 품은 옛사람들의 삶의 이야기가 말을 걸어온다.

갓은 머리를 덮는 부분인 총모자와 얼굴을 가리는 부분인 양태를 조립하여 만들어진다. 총모자는 컵을 뒤집어 놓은 듯한 모습이다. 부드럽고 질이 좋은 말의 꼬리나 목덜미 털을 사용하여 만든다. 넓은 차양 모양의 양태는 질 좋은 대나무를 쪼개고 나누는 과정을 반복하여 국수처럼 가늘게 뽑은 대나무실로 만든다. 단단한 굴무기(느티나무)로 만들어진 둥근 양태판에서 삶을 엮어가듯 한 올씩 꼬아가는 과정으로 완성된다. 총모자와 양태를 조립하는 과정으로 갓이 탄생된다.

만드는 재료와 장인이 쏟아부은 인고의 시간이 갓의 품격을 좌우한다. 갈기를 휘날리며 거침없이 초원을 달리는 늠름한 기상을 품은 말총과 군자의 도를 표상하는 대나무의 올곧은 기운를 품었다. 갓은 예복을 차려입은 조선 사대부의 모습 중 단연코 으뜸이다. 군자의 도를 지키기 위해 끊임없이 몸과 마음을 연마했을 사대부의 결기만큼 장인들의 비장한 시간이 갓의 올올이 스며 있다. 귀한 것은 거저 얻어지는 법이 없다.

갓을 만져보면 양태를 짜는 아낙네의 한이 서려 있는 것 같아 애련하다. 낮에는 밭일하고 밤에는 갓일(갓을 만드는 작업) 하면서 누덕누덕한 생을 부둥켜안고 살았을 제주 여인의 억척스러움을 읽는다. 목숨이 붙어 있는 한 거부할 수 없는 생의 길이다. 평생 옴팡진 손놀림으로 갓을 만든다. 가부장적 시대를 살아가면서 고달픈 생의 시간이 손끝에 굳은살로 깊게 박였다. 어지러이 울던 풀벌레도 잠든 이슥한 밤이나 새벽의 은은한 여명이 하루를 여는 시간에도 아낙네의 일은 멈추지 않았다. 처절하게 갓일을 하는 그들의 손끝에는 피붙이들의 생계가 악착같이 매달려 있었다. 뼛속까지 제주인인 내게도 아낙네의 억척스러운 기질이 내재되어 있는지도 모른다.

갓과 양태는 서로 교감하며 편안한 관계로 보인다. 각자 본연의 역할을 위해 힘의 균형을 맞춘다. 어느 한쪽이 평형을 잃게 되면 바른 모양의 갓이 될 수 없다. 양태는 갓모자를 품고 갓모자는 양태의 품속에 안겨 있을 때 서로의 존재가 빛이 난다. 갓모자와 양태는 서로 끌어안아야 하는 숙명인가. 아득한 옛날부터 단단한 인연의 고리로 연결되어 있다.

양태는 갓모자를 받쳐주는 테두리다. 양태의 상태에 따라 갓의 가치와 수명이 결정된다. 양태는 튼실하게 오래 쓸 수 있는 올바른 모양의 갓을 만들기 위해 고단함이나 수고로움을 자처했다. 지아비를 공경하고 자식들을 잘 키워내는 아내와 같은 역할을 했다. 양태는 애오라지 식솔을 위하는 질긴 모성을 천성으로 지녔다.

오랜 시간 지켜보면서 갓모자와 양태는 의좋은 부부의 모습처럼 보인다. 그것들에게 마음을 빼앗기는 이유인지도 모른다. 갓은 일부종사를 지향하는 시대에 지아비의 자존감의 상징이다. 가장으로서 책임감, 품위 유지, 종족 보존과 같은 삶의 무게를 등에 지고 살았다. 생이 다하는 날까지 숙명처럼 지고 갈 등짐이 버거울 터다. 맏아들로서 조상님과 부모님에 대한 도리를 다하기 위해 고단하고 힘겨운 인생길을 걸어왔다.

세상이 빠르게 변하고 있다. 옛 물건들도 우리 곁에서 사라지고 있다. 현재는 과거의 영속된 시간에서 영글어 간다. 미래는 현재의 시간이 축적된 산물이다. 지켜야 하는 것들은 겉으로 드러나지 않아도 본질은 변하지 않는다. 본연의 아름다운 가치를 지니고 있다. 잊히고 사라져 가는 소중한 것들을 찾아내고 지켜야 하는 이유이다. 귀한 것일수록 쉬이 보이지 않는다. 물건마다 지닌 고유한 천성과 품은 향기가 다르다. 옛것을 바로 알고 그 숨겨진 숨결에 스미고 싶다.

갓을 바라본다. 마음을 건네는 만큼 그도 외롭지 않아 보인다. 갇힌 세상 속으로 따스한 눈길을 보낼 때마다 묵묵히 앉아 있는 갓은 새로운 생의 시간을 꿈꿀 수 있을까. 아니면 갓은 유리 상자 밖으로 나오는 세상을 꿈꾸고 있을까.

내 인생의 내비게이션

　지천으로 봄 향기가 그윽하다. 차창으로 들어오는 봄의 풍경은 언제나 설렌다. 도로를 질주하는 차들은 저마다의 목적지와 운행 방식이 다양하다. 차량의 수만큼 삶의 결도 다르다. 도로를 달리는 일은 인생길을 살아가는 거와 같다. 자신이 선택한 길로 멈추지 않고 계속 새로운 목적지를 향해 달려가는 것이다. 길 위에서 부딪히는 시련과 고통, 기쁨과 행복은 사람마다 다르다.
　앞차 유리창에 '왕초보 운전'이라 쓰인 하트 모양의 카드가 부착되어 있다. 안쓰러운 마음이 앞선다. 문득 깊숙이 가두어 두었던 기억이 떠오른다. 초보 운전 시절, 운전 미숙으로 잦은 사고를 냈던 일이 선명히 떠오른다. 브레이크 대신 가속 페달을 밟아서 전봇대를 들이받았고, 유턴할 때 도로 폭을 인지하지 못해서 여러 차례 후진하며 차량 흐름을 방해했다. 좁은 골목길 모퉁이를 돌다가 담벼락에 부딪혀 전조등이 깨지고 여러 군데 흠집을 냈던 일도 다반사였다. "운전도 못 하면서 차를 끌고 다닌다."는 말을 들을 때마다 "죄송하다."는 말을 수없이 했던 일들이 또렷하게 떠올라 헛웃음이 나온다.

　꿈자리가 뒤숭숭하거나 비나 눈이 많이 내리는 날에는 운전하지 않았다. 밤에 운전하는 것도 피했다. 강산이 몇 차례 바뀌는 세월 동안 운전을 했지만 지금도 운전에 자신이 없다. 언제나 걱정이 앞선다. 운전은 가장 집중해야 하는 일이기도 하다. 내게는 세상에서 가장 어려운 일이 운전하기와 글쓰기이다. 애쓰지 않아도 저절로 쌓이는 세월의 더께처럼 필력과 운전 실력도 그랬으면 좋겠다.

　초행길을 운전할 때는 미리 지도 검색을 통해 경로를 눈에 익힌 후 내비게이션의 도움을 받는다. 내비게이션은 운전 경로를 이탈했을 때 도로 상황에 맞게 다시 안내해 준다. 반복된 안내를 하면서도 짜증 내거나 귀찮아하지 않는다. 미안한 생각이 들 때도 있지만 감성이 없는 기계라서 좋다. 속길이나 골목길 운전은 피하려고 노력한다. 후진에 자신이 없고 예측할 수 없는 위험이 도사리고 있는 탓이다. 한참 돌아가서 시간이 걸리더라도 신호등이 있는 대로로 간다. 안전하고 익숙한 길로 운전하는 습관이 있다.

　신호등은 운전자와 보행자 그리고 차량의 안전을 지켜준다. 신호를 지키는 일은 원만하고 안전한 교통 흐름을 위한 무언의 약속이다. 그 약속을 지키지 않았을 땐 돌이킬 수 없는 큰 사고로 이어진다. 신호등은 바다에서 등대와 같은 역할을 한다. 내가 대로를 고집하는 이유이다. 조심한 덕분에 경미한 사고 없이 운행할 수 있어 다행이지만 운전 실력은 늘지 않는다. 영원한 초보 운전자이다.

인생길에도 신호등과 내비게이션이 있다면 얼마나 좋을까. 자식을 바라보는 부모의 마음처럼 내색하지 않으며 묵묵히 충실하게 제 역할을 해 줄 것이다. 험난한 파도가 덮쳐도 이겨낼 수 있고, 유한한 삶을 치열하게 살아갈 일도 없고, 생의 한가운데서 고뇌하거나 고통도 없으리라. 세상만사에 실패와 좌절하는 일 없이 삶이 풍요로워질 것이다. 갑작스럽고 서러운 이별도 없을 것이다.

모든 것이 정해진 대로 살아간다면 인생의 묘미가 없다. 인생은 나침반 없는 험한 여행길이다. 나를 성장시키는 요소는 자신을 세상 밖으로 내보내는 일이다. 거기에서 시행착오를 겪으면서 바른길을 찾아가는 것이다. 오랜 세월 동안 운전 실력이 늘지 않는 것은 위험을 멀리하고 경험도 없는 탓이다. 인생이라는 바다는 예측할 수 없고 피할 수 없는 고난과 시련이 있기에 값지다. 어떤 삶이라도 정답은 없다. 살아가면서 가슴을 도려내는 아픔을 견뎌내야 한다. 아픔이 깊을수록 치유하며 얻는 행복의 무게도 커진다.

상처를 아물게 하는 지혜와 용기는 저마다의 생각의 깊이와 살아낸 세월의 길이만큼 다르게 나타난다. 삶의 고비마다 선택과 결정이 다르기 때문이다. 나이만큼 원숙하지 못한 생을 살아온 것 같아 부끄럽다. 무엇을 위해 어떻게 살아야 할 것인가를 끊임없이 되새김질한다. 생각하며 살아가는 일은 훨씬 가치 있는 삶을 살게 한다.

루쉰은 "본래 땅 위에는 길이 없었다. 걸어가는 사람들이 많아지면 그것이 곧 길이 되는 것이다."라고 했다. 이 길은 누구나 가고자 하는 바른길이다. 어떤 길이 바른길이고 어떤 길이 바르지 않은 길일까. 바른길을 가려고 끊임없이 고뇌한다. 그동안 선택했던 길이 과연 어떤 길이었는지 의문이다. 삶에서도 대로행을 실천하리라 다짐해 본다. 정도正道를 서두름 없이 뚜벅뚜벅 걸어가고 대의를 따르고 싶다. 생을 달려오면서 속길이나 에움길에서 겪어온 경험이 디딤돌이 되어 줄 것이다. 두 개의 길도 대로로 향해 있고 대로는 그 길을 품는다.

살아가면서 자신만의 신호등과 내비게이션을 켜두는 일은 중요하다. 내면의 힘을 키우고 바르게 멀리 볼 수 있는 혜안을 지녀야 한다. 깊은 사색을 하고 뜨거운 가슴을 품으며 건강한 육체가 필요할 터이다. 내 안의 내비게이션이 명쾌한 탐색을 해 줄 수 있길 소망해 본다. 신호등이 제대로 작동되기를, 그것들이 안내한 대로 바른길을 갈 수 있기를 바란다. 항상 깨어 있고 누군가를 위한 삶을 살아가고 싶다.

언제나 밝아오는 아침에 감사의 기도를 올린다. 매일 마주하는 세상 만물과 사람과 마음 풍경을 글 속에 녹여내고 싶다. 날이 갈수록 아둔한 생각과 무뎌지는 감성이 글을 쓰는 일을 게으르게 한다. 생각의 시각을 넓히고 감정의 부피를 부풀려 마음속에 온기를 되살리고 싶다. 모든 것에 사랑을 품고 따뜻한 글을 쓰리라.

글을 쓰는 동안 근원적인 외로움이 치유되고 생각이 정리되어 한 편의 수필이 되었으면 좋겠다. 글을 읽는 이들이 공감하고 마음의 위안을 받을 수 있기를 소망한다. 그리하여 내 글이 삶의 깊은 상흔傷痕을 치유할 수 있다면 더없이 감사한 일이다.

글 쓰는 일과 운전하는 일에서 신호등과 내비게이션을 켜두는 일은 현재 진행형이다.

천사 인형

 기도하는 인형을 본다. 양손을 쥐어 모아 다소곳하게 서 있다. 화려한 색감도 없고 최소한의 절제된 선만을 표현했다. 인형의 반 곱슬의 갈색 머리는 단발 길이로 어깨 뒤로 살짝 하나로 묶여졌고 아이보리색의 긴 드레스를 입었다. 옷의 질감은 버드나무의 나뭇결을 살려서 자연스럽게 표현했다.

 40년 지기 K가 유럽 여행을 다녀온 후 건네준 선물이다. 작은 인형에도 예술가의 혼이 담겨 있는 듯하다. 제작자가 쏟아낸 열정과 사랑을 찾으려고 애써 본다. 나이가 들어서인지 요즘 들어서 부쩍 사소한 것들이 소중하게 여겨진다. 평소엔 지나쳤던 것들에게 마음을 품는다. 그것들은 빼어나지 않고 완벽하지 않으며 조금은 모자람이 있다. 그것들에게 삶의 의미를 부여하고 마음을 나누는 일은 소소한 즐거움이다.

 마음이 담긴 선물을 받는 것은 고맙고 기쁜 일이다. 나눌수록 기쁨과 뿌듯함은 커지는 것이 아닌가. 마음은 팔 수 없고 살 수 없지만 줄 수 있는 가장 좋은 선물이다.

천사의 날개가 있는 인형을 마주할 때는 경외감을 느낀다. 그 날개로 나의 모든 죄업을 용서해주고 모든 허물을 덮는 듯 신묘한 기운을 얻는다. 소원이 이뤄질 것만 같다. 어쩜 천사 인형에 불어넣은 감정이입의 산물일는지도 모른다. 인형이 놓여 있는 화장대 앞에 앉아 있을 땐 마음이 평안하다.

특이한 것은 인형 얼굴에 표정이 없다. 눈·코·입·귀가 표현되지 않아서 지극한 정성과 오직 한마음으로 두 손 모아 기도에만 전념함을 표현했다. 몸짓만으로 모든 감정과 표정을 읽어내기에 충분하다. 처음 인형을 대했을 땐 표정이 없어서 당황스러웠으나 마주할 때마다 무한한 감정을 낳게 한다.

자신도 알 수 없는 마음을, 인형을 통해서 투영해 본다. 내 마음의 상태가 곧 인형의 표정이 된다. 분노를 참지 못하거나 괴로움과 고통으로 슬플 때도 천사 인형을 보는 순간 화가 누그러지고 마음을 가다듬게 된다. 인형 앞에선 그래야만 할 것 같은 생각이 든다. 한낱 작은 나무 인형이 내 감정의 바로미터barometer가 되는 셈이다.

묵상하는 인형이 또 다른 자신임을 느낄 땐 화들짝 놀라움이 솟구친다. 목각 인형은 말없이 욕심 없이 시시각각 달라지는 내 감정의 흐름에 따라 표정이 바뀌는 것 같다. 화장대 거울에 비친 내 모습과 인형 얼굴에서 찾게 되는 표정은 사뭇 다르다. 정화된 모습을 찾으려고 애써 본다. 마음의 주인은 자기 자신이다. 매일 자신의 감정 상태를 느끼고 그것을 다스리고 조절하는 일을 게을리하지 말아야 하리라. 켜켜이 쌓이는 마음의 묵은때를 씻어내기 위한 일이다.

인간의 얼굴 근육으로 만들어 낼 수 있는 표정은 서른 가지라고 한다. 표정엔 마음이 담겨 있다. 같은 표정을 짓게 되면 반복되는 근육을 움직이게 된다. 그 표정이 굳어서 그 사람의 인상을 만든다. 웃는 상, 우는 상, 불만 있어 보이는 상, 자존감 있어 보이는 상, 욕심 있어 보이는 상, 인심 좋아 보이는 상과 같이 자신이 다스리는 마음의 깊이만큼 인상도 달라진다.

자신의 얼굴에 책임지라고 하는 나이 사십, 그 나이에 한참 보태기한 내 나이의 얼굴은 어떤 모습일까. 자못 궁금하다. 연륜만큼 농익지 않은 마음 탓인지 변화무쌍한 감정을 정화됨이 없이 그대로 표정으로 표출했던 적이 많았다. 보는 이들에게 안쓰러움을 빚지게 한 것 같다. 부끄러운 일이다. 마음의 거울인 얼굴은 그 사람의 인품과 품어 살아온 인생사를 나타낸다. 선물 같은 오늘을 '어떻게 잘 살아낼 것인가'를 화두로 매 순간을 소중히 보내려 애쓴다. 하루하루를 선하고 도덕적인 삶을 살아가면 미래에는 좋은 인상을 품을 수 있을 터이다.

얼굴은 마주 보는 이와 영혼의 통로이며 자신을 나타내는 신분증과 같다. 얼굴 속에는 그 사람의 인생사마저도 느낄 수 있다. 뇌의 생각과 직결되어서 표출되는 표정은 거의 정직한 편이다. 얼굴에는 언제나 진심이 담겨 있다.

　루소는 "그 사람의 얼굴을 보면 살아온 태도가 보인다."라고 말했다. 인상은 단순한 외모가 아니라 그 사람의 사고방식, 말투, 감정의 표현이 드러나는 삶의 흔적일 터이다. 우리가 매일 생각하는 방식, 표정, 말투. 행동이 얼굴의 인상을 완성해 가는 셈이다. 인상은 습관에서 만들어진다.

　나이 들수록 상대방에게 따뜻한 눈빛, 온화한 말투, 해석하고 조절하며 감정을 다뤄야 한다. 자신에게도 자기 비하보다 "괜찮아, 그럴 수 있어."라고 다독일 줄 알아야 한다. 그런 작은 습관이 시간이 흐를수록 좋은 인상을 선물로 안겨 줄 것이다. 인상은 타고난 외모가 아니라 스스로 어떻게 대하고 삶을 어떻게 살아왔는가에 대한 흔적의 결과물인지도 모른다.

　인상이 바뀌면 운명도 바뀐다는 말이 있다. 인상이 좋은 사람은 밝고 선한 기운을 돋운다. 만나는 이들에게 마음의 비타민을 나눠주는 향기를 내뿜는 사람이다. '인향만리人香萬里 덕향만리德香萬里'라는 말이 있다. 그 어떤 향기가 이것보다 값어치 있고 아름다우랴. 그 향기는 세상을 품고 더 나아가 우주를 품을 수 있으리라 여겨진다.

　좋은 인상을 지닌 내면의 향기를 품는 그런 사람이기를 꿈꾸어 본다.

엄마의 무릎

엄마는 내게 거대한 산이었다. 지난한 인생사를 끌어안은 채 말 없는 사랑을 끝없이 내어주는 산이다. 늘 그렇게 그 자리에서 움직이지 않는 산인 줄 알았다.

친정아버지가 세상을 떠난 지 삼십여 년이 지났다. 내가 이십 대 후반에 엄마는 혼자가 되셨다. 그때는 결혼 초여서 둥지를 지키고 키워나가는 일에만 여념이 없었다. 가정과 직장 일 외엔 아무 생각을 하지 못했다. 육아와 살림에 서툰 초보 주부였던 시절이다. 지금 생각해보니 철없는 딸이었다. 엄마의 고독과 슬픔을 감지할 수 없었다. 어쩌면 외면했는지도 모른다.

수많은 외로운 날들을 잘 견뎌내 주어서 감사하다. 절제된 사랑으로 자식들에게 중용의 도를 스스로 깨닫게 해주고 어렵고 힘들 때 강단을 보여 주었다. 아마도 아버지가 보여 줄 근엄함마저 엄마의 몫으로 품으셨던 터이다. 매사에 흐트러짐 없는 의연한 모습과 강인한 정신력을 본받고 싶다. 모든 어머니는 초인적 능력을 발휘

하는 위대한 존재이다. 엄마의 희생과 사랑에 모성의 존엄함을 느낀다. 엄마와 오래도록 함께하고 싶다.

지난봄, 엄마는 양쪽 무릎에 인공관절 수술을 받았다. 그 무릎엔 여든 중반의 기나긴 인생 여정과 다섯 남매의 알록달록한 삶과 진한 추억이 녹아 있다. 산후조리원이 없던 시절, 딸 넷의 출산 때마다 산후조리에 정성을 쏟은 고마움은 가슴 깊숙이 묻어 있다. 내 딸들이 그런 상황에 직면할 때 그렇게 잘할 수 있을지 자신이 없다. 깊고 큰 사랑을 받은 만큼 내 아이들에게도 모정의 손길로 보듬어주어야 할 텐데 말이다.

교직 생활을 하는 동안 엄마는 내 아이들의 육아로 자유롭지 못했다. 그때는 탁아시설이 없어서 출퇴근하는 유모가 육아를 담당했다. 맏며느리로서 치러야 할 시댁의 크고 작은 행사, 학교 행사가 있을 때는 유모가 퇴근 후에도 아이들을 돌봐 주었다. 유모를 구할 수 없는 동안 엄마가 육아를 도와주기도 했다. 맏딸인 내가 젊고 건강했던 엄마의 도움을 다른 형제들보다 듬뿍 받았기에 더욱 가슴이 아리다.

엄마는 일찍 혼자가 되신 할아버지를 오랫동안 모셨다. 이십 대 끝자락에 남편을 잃은 백모님이 모시던 집안의 기제사와 명절과 같은 모든 행사를 일찍부터 엄마가 맡아서 치렀다. 한평생 정절을 지킨 백모님은 할머니 같은 분이었고, 엄마는 그분을 시어머니처럼 모셨다. 힘겨운 상황에서도 언제나 웃음 짓는 밝은 모습의 백모님을 볼 때마다 어린 마음에도 마음씨가 고운 분이라고 생각했다.

어릴 적 우리 집은 무근성 북초등학교 옆 시외버스 터미널 부근이었다. 친족들은 시내에 일 보러 오거나 병원에 입원할 때도 우리 집에 들렀다. 시골의 친족과 그 가족의 식사를 마련하느라 엄마는 늘 분주했다. 그런 엄마의 모습은 기억 속에서 지워지지 않는다. 학교 수업을 마치고 돌아온 집에는 처음 보는 시골 친족이 있는 날이 많았다. 한 끼의 식사를 대접하는 일은 마음을 담아내는 일이다. 내가 곁에서 묵묵히 도왔던 기억이 아직도 생생하다.

그 시절 정성이 담긴 엄마의 밥 한 끼의 보시 공덕으로 자식들이 그나마 이만큼이라도 잘살고 있는 것이라 여겨진다. 먹는 일은 생명 부지의 힘이다. 먹는 것을 나누는 일은 마음을 내어주는 최대의 공양일지도 모른다. 요즈음에는 생계 곤란으로 끼니를 챙기지 못하는 이들을 위한 따뜻한 밥 공양이 절실히 필요한 때이다. 모두 따뜻한 나눔의 마음을 실천할 일이다.

엄마의 뇌리에는 뼛속까지 남아선호와 남존여비 사상이 석고처럼 박제되어 있다. 성차별은 역사 이래 현재까지 여성 스스로 행해 온 일이 아닌가. 아직도 엄마는 아들 생각이 변함없다. 아들은 존재만으로도 든든하고 축복이라고 한다. 나도 아들로 태어났으면 하는 바람을 가진 적도 있다. 아들과 달리 차별 대우를 받았던 일은 우리 시대에 태어난 딸들의 숙명이었을 터이다.

오 남매의 성장과 행복이 익어가는 동안 무릎 연골은 무너져갔다. 얼마나 많은 날을 고통의 밤으로 지새웠을까. 홀로 외로움과 슬픔을 달래면서 말이다. 연륜이 쌓인 후에야 이해하게 되었다. 가여운 엄마, 자식들이 걱정할까 봐 모든 것을 안으로만 삭이던 분이다. 그 시간과 세월만큼 무릎의 연골은 닳아갔다. 전보다 훨씬 가볍고 왜소해진 엄마의 모습을 보면서 잘살고 있는 자식들의 현재와 마모된 무릎 연골이 맞바꿔진 것 같아 죄스럽다.

수술대 위에 누워 있는 엄마의 모습은 불안해 보였다. 눈물을 애써 감추는 모습이 처량하게 느껴진다. 걷고 싶은 강한 욕구와 수술을 마주한 인간의 나약함을 볼 수 있다. 약해진 엄마의 모습은 낯설다. 불안과 두려움이 역력해 보였다. 긴장감이 극도로 달한 수술실은 적막하다. 수술이 잘 마칠 수 있도록 간절한 기도를 했다.

제대로 걷는다는 것은 잘살아내는 일이다. 갓난아기도 요람에 누웠다가 단계별로 성장해 걸을 수 있을 때까지 얼마나 많은 정성과 보살핌이 필요했는가. 엄마는 한 생을 달려오면서 퇴행한 무릎을 수술해서 다시 잘 걷기를 꿈꾼다. 엄마의 꿈이 이루어지기를 두 손 모아 기도한다. 여인의 일생을 곱씹어 본다. 나의 남은 인생길의 모습일지도 모른다. 가슴이 에인다.

수술 후 힘든 고통의 시간을 뒤로하고, 재활원에서 치료에 애쓰는 엄마의 모습을 보면 한결 마음이 놓인다. 수술을 해주신 분들에게 고마움을 마음속에 담는다. 한 발자국이라도 더 걸으려는 노력은 인간의 의지이자 엄마의 꿈이다. 여생을 아무런 고통 없이 편안하게 오래오래 잘살 수 있기를 간절히 빌어 본다. 먼 훗날 후회를 조금이나마 덜하며 엄마를 그리워할 수 있게 보살펴 드릴 것을 다짐해 본다.

하루가 다르게 호전되는 걸음걸이에서 엄마의 삶에 대한 강한 의지와 시련에도 포기하지 않는 긍정의 힘을 본다. 그것은 내 유전자의 근원이다. 현재에 충실하고 상황에 알맞게 작은 것에도 만족하는 마음이다. 힘들었던 과거에 매달리지도 말고 미래에 대한 불안함에 두려움 없이, 오늘을 잘 살아가게 하는 힘이다.

오늘은 또 다른 과거로 남을 것이고 내일은 희망으로 다가올 것이다.

잊히지 않는 얼굴들

 연일 내리던 장맛비가 그쳤다. 오랜만에 쨍쨍한 햇살이 쏟아지는 오후이다. 새삼 햇빛의 소중함에 무게감이 실린다. 장마 동안 우울했던 마음을 활짝 열어본다. 언제라도 태양 빛은 긍정의 힘을 준다.
 약속 시간에 늦을 것 같아 서둘러 집을 나선다. 기다렸다는 듯이 택시가 미끄러지면서 다가선다. 감미로운 추억의 팝송으로 차 내 분위기가 상큼하다. 운전기사가 차를 달리면서 백미러로 몇 차례 쳐다본다. "혹시 선생님 아니세요? H고교에서 상업 과목을 배웠던 것 같은데요?" 하며 조심스럽게 말을 걸어온다. 오래전에 교단을 떠났다고 말했다. 교단을 떠난 게 내 의지와는 무관하게 주변의 여건이 그럴 수밖에 없었다. 교단 이야기가 나오면 내 삶의 연민의 정을 느끼게 된다.
 늦둥이인 작은딸을 가지면서 삼 년 육아 휴직을 했다. 그 기간에 틈틈이 남편의 사업을 도왔다. 집안에서도 엄마의 영역이 깊숙이 자리 잡은 터라 모든 상황을 뒤로하고 복직하는 일은 쉽지 않았다. 휴직 기간이 끝나고 사직서를 제출했다. 교정을 나서며 쏟아지는 눈물을 주체할 수 없어서 교문 밖 담장에 기대어 한참을 울었던 기억이 아직도 생생하다. 이제는 영원히 돌아갈 수 없는 곳이기에 더욱 그리워진다.

그는 반가운 듯이 선글라스를 벗으며 1학년 때 자퇴한 K라고 한다. 너무 오랜만에 보는 모습에 놀라움과 반가움이 짙어진다. 담임 맡은 반 학생은 아니지만 수업 시간마다 유난스레 개구쟁이 행동을 한 녀석이다. 그 나이 또래가 그렇듯 천방지축 어디로 튈지 모르는 녀석이었다. 큰딸이랑 같은 이름이고 유난히 키가 커서 기억이 또렷하다. 그의 얼굴을 대하자 머릿속엔 한 편의 영상이 펼쳐진다.

그 반은 그야말로 악동들의 집합소였다. 그 애가 결석한 날은 그래도 원만하게 수업을 진행할 수 있었다. 개별 상담을 해보고 꾸중과 질책으로 으름장을 놔 봐도 역부족이다. 물론 그때는 야만심과 열정만 있는 풋내기 교사였다. 남동생이 없었기에 개구쟁이 심술쟁이 성향이 짙은 녀석들의 복잡한 심리를 헤아릴 줄 몰랐다. 그들의 처지에서 좀 더 이해하고 다독거려 보듬어 껴안는데 서툴렀던 것 같다.

변화무쌍한 아이들의 감정을 읽을 줄 몰랐다. 아이들도 자신들의 감정과 행동을 조절하는 방법을 알지 못했을 것이리라. 나 자신도 마음을 다스리지 못했던 시절인지도 모른다. 새삼 무심코 내뱉은 말 한마디가 아이들에게 상처를 준 것 같아 마음이 아프다. 지금이라면 모성이 깃든 푸근한 마음을 지녔을 터이다. 세월의 무게는 마음의 그릇도 넓고 깊게 만드는 비결이 있는가 보다.

 그 시절엔 그리도 밉고 얄궂은 얼굴이 오늘따라 더욱 반갑고 대견스럽다. 운전대를 잡고 앉은 당당한 기사가 되었다는 게 왜 그리도 흐뭇한지 모를 일이다. 고졸 검정고시를 통해서 고등학교 과정을 마무리했다는 얘기는 충분히 놀라웠다. 그의 얘기에는 진실이 묻어 있었다. 열심히 살아가는 모습은 경이로움 그 자체이다. 목적지까지 요금 미터기를 누르지 않은 K의 마음에 가슴 한편이 시리다. 한사코 사양하는 요금을 앞 좌석 쪽으로 던지듯이 두고 내렸다. 사납금 맞추기도 힘들 텐데…. 진한 매연 속으로 멀어져가는 제자의 모습을 멍하니 서서 한참 동안 바라보았다. 무엇인가 알 수 없는 생각들이 골을 이룬다.

 길지 않은 교단생활 속에서 잊히지 않는 얼굴들이 선명하게 떠오른다. 부모에게도 아픈 손가락이 있듯이, 그들은 학교생활에 잘 적응할 수 없는 아이들, 공부에 흥미를 잃은 아이들, 벗들과의 소통이 어려워 상처받은 아이들이다. 부단히 교사의 애를 태웠거나 안쓰러운 마음을 떨쳐낼 수 없었던 얼굴들이다. 그 시절엔 아이들이 안은 문제를 원만하게 해결하는 일이 내겐 가장 중요한 일이었다. 교단생활 자체에 대한 회의와 환멸을 느낄 만큼 절실한 문제로 다가오곤 했다.

　이제 생각하니 열리고 사랑스러운 마음으로 그들에게 더 가까이 다가서지 못한 것 같아 가슴이 쓰리다. 그들의 마음을 헤아릴 수 없었던 것 같다. 다시 그 시절로 되돌아가서 속죄하는 시간을 마련할 수 있다면 얼마나 좋을까. 그 애들이 사회의 일원으로서 자기만큼의 몫을 다하며 K처럼 열심히 살아가기를 간절히 빌어 본다.

　섬을 떠나야 섬이 보이듯이 교직을 떠난 지 오래된 지금 알게 된다. 교직에 있는 일이 얼마나 가치 있고 보람된 일이고, 보다 인간을 성숙하게 해주는 일인지를 깨닫게 된다. "교육자는 눈물로 씨를 뿌리고 기쁨으로 단을 거두는 농부"라고 한다. 해마다 새롭게 맞이하는 아이들은 자신을 들여다볼 수 있는 거울이다. '아이는 어른의 아버지'라고 한다. 아이들에게 본보기가 되기 위해선 자신에게 도덕적·윤리적으로 엄격히 살아가기 위해 노력하고 자신의 삶을 성찰하는 시간을 마련해야 했다. 교단에서 아이들을 가르친다는 일은 결코 쉽지 않은 일이다.

　교직에 있는 동안 더 충실하지 못했고 제자들에게 사랑을 베푸는 일을 소홀히 했던 일들로 가슴이 미어진다. 아이들이 학교에서 더욱 행복하고 미래를 향한 푸른 꿈을 거침없이 품을 수 있도록 좋은 멘토 역할을 하지 못했던 후회가 밀려온다.

　삶이 그렇듯 지나간 세월은 늘 아쉽고 후회스럽다. 진정한 참스승의 역할을 다하지 못한 것 같아 아픈 회한만 남는다.

손난로

추억이 서린 물건은 잊었던 해묵은 기억들을 들춰낸다. 그것은 언제 대해도 사랑스럽고 삶의 의미를 되새기게 한다. 지내온 세월의 내음이 고스란히 배어 있다. 그 물건을 마주하며 지난 삶의 무늬를 더듬는다.

무시로 반닫이를 열면 살아오면서 소중한 것들이 나를 반긴다. 청홍색실, 아이들의 배냇저고리, 약혼식과 결혼식 때 입었던 한복, 남편과 주고받았던 편지들이 고개를 내민다. 그중에서도 가장 애착이 가는 것은 자주색 빌로오드 주머니에 들어 있는 손난로이다. 삶의 결이 묻어나는 물건이다.

손난로는 신혼의 단꿈과 교직의 첫 부임지에서의 추억이 오롯이 담겨 있는 물건이다. 손바닥 크기만 한 직육면체 모양의 스테인리스 스틸로 된 것이다. 뚜껑을 열면 널따랗게 심지가 놓여 있어 라이터 기름을 넣은 후 불을 붙이고 뚜껑을 닫으면 오랫동안 따뜻하다. 손난로의 따스한 온기만큼 남편의 사랑 온도를 느끼게 된다.

신혼 초 어느 밤, 남편은 선물이라며 손을 내밀었다. 추운 겨울에 지니고 다니라며 손난로를 건네주고 나를 꼭 껴안아 주었다. 세상을 다 가진 기분이었다. 과묵한 성격이라 말수가 적은 남편이기에 손난로 선물은 살아가는 동안에 내게 힘이 되었다. 손난로의 따스함을 느낄 때마다 남편의 세심한 마음 씀씀이에 가슴이 뭉클하다. 여운을 남기며 온기를 주는 손난로처럼 남은 날들을 살아가리라 다짐했다.

선물은 주는 이의 마음 그 이상으로 받는 이의 기쁨과 고마움이 더 크다. 배려와 나눔은 기쁨 두 배, 행복 두 배이지 않은가. 계산된 이익이나 목표 달성을 위한 수단이 배제된 진정한 선물은 그것이 어떤 것이라도 값지다. 받는 사람이 의미를 부여한 만큼 선물의 가치는 한없이 커진다. 진실함이 묻어나는 선물은 진한 인간애를 느끼게 된다.

신혼 초, 근무지가 시골 학교여서 1시간 이상 버스를 타야 했다. 여명을 달리는 겨울철 출근길에 손난로는 큰 위안이 되었다. 양손으로 손난로를 감싸 쥐고 차창 밖으로 펼쳐지는 풍광을 마음껏 만끽했다. 신선한 아침 내음이 버스 안까지 그득하다. 생의 의지를 키우는 생기 있는 공기의 온도였다. 서서히 자태를 드러내며 하루를 여는 붉은 태양을 보며 어제보다는 더 나은 오늘이길 바라곤 했다.

자녀를 키우며 일상의 일에만 매달리고 치열하게 살아온 생활의 연속이었다. 뒤를 돌아다볼, 아니 자신을 들여다볼 겨를도 없이 말이다. 완숙하지 못한 초임의 서투른 교사여서 학생들과의 해결되지 않은 일들로 예민했던 심정을 남편에게 떠넘기는 일이 많았다. 남편에게 짜증을 부리곤 했다. 마음 아픈 상처만 준 것 같아 부끄럽고 쓰라린 심사이다. 뜨거운 감성과 차가운 이성이 조화롭지 않았던 까닭이다.

연륜은 지나온 시간의 무게만큼 진중함을 선사한다. 그만큼 세월은 정직하다. 열정과 아만심으로 가득찬 풋내기 교사의 행동은 자신은 물론 주변의 관계 맺은 이들에게도 불편함을 준 것 같다. 살아온 시간을 되돌아보면 언제나 회한으로 남는다. 그럴 때마다 나를 푸근하게 보듬어 안아준 고마운 분들에게 감사를 드린다.

미완의 삶을 살아가기에 인생은 묘미가 있다. 주어진 상황을 묵묵히 받아들이고 매 순간에 최선을 다하련다. 그것이 최상의 선택이 아니면 어떠랴. 긍정은 희망을 주는 위력을 갖는다. 희망은 삶의 힘을 솟구치게 한다.

묵묵히 중년의 언덕에 오른 남편이 미덥고 고맙다. 삶의 무게가 녹록지 않았을 터이다. 남편을 위해 진정한 인생의 반려자가 되어주고 싶다. 부부는 같은 방향의 인생 여정을, 평탄하지 않은 길을 함께 걸어가는 동반자이다. 서로의 부족함을 채워주고 고통과 슬픔을 나누는 친구 같은 존재이다.

때로는 친구, 연인, 누이, 어머니처럼 늘 변신할 줄 아는 여인이 되고 싶다. 쉽지 않은 일이고 부단히 노력할 일이다. 남편에게 손난로 같은 아내가 되어 주고 싶다. 황량한 세상살이에 힘겨워하는 남편에게 온기를 불어넣어 주는 사람이 되고 싶다. 남은 인생길도 혼자 걷는 것이 아니어서 훨씬 수월하리라 소망해 본다.

 먼 훗날, 얼굴에 그득한 주름살이 부끄럽지 않고 머리에 이고 있는 허연 백발이 당당해질 때까지 성심을 다해 살고 싶다. 그때 남편과 내가 맞잡은 손, 손난로보다 더 따뜻하리라.

행복의 저울

집 근처 소나무 숲을 거닌다. 이른 아침의 풋풋한 향기가 신산하다. 하루를 여는 붉은 태양 빛에 희망을 걸어 본다. 연둣빛의 나무들은 여름을 살찌우기 위해 분주하다. 푸르른 나무들의 물오르는 소리가 퐁그랑퐁그랑 들린다. 간간이 불어오는 바람에 꽃댕강나무가 작은 몸짓으로 흔들린다. 나무는 흔들릴 줄 알아야 부러지지 않는다는 것을 알고 있을 테다. 새날을 여는 새들의 지저귀는 소리에 충만감을 느낀다. 매일 새롭다. 살아 숨 쉴 수 있고 오감을 느낄 수 있음에 고마움을 절감한다.

오고 가는 사람들과 정겨운 인사에서 작은 기쁨을 낚아낸다. 사람 사는 세상이 살아볼 만하다. 엄마와 함께 걸음마 연습을 나온 아가의 뒤뚱거리는 모습, 산책 나온 반려견의 껑충거리는 모습, 올봄에 새로 들여와 베란다에 터를 잡은 초록 식물들의 청신한 모습, 화사한 꽃망울을 터트린 호접란의 모습에서 봄을 읽는다. 서두르지 않고 순리대로 봄은 익어간다.

절의 공양간에서 한 달에 한 번씩 설거지 봉사를 해온 지 벌써 육 년이 되었다. 불법으로 인연 맺은 도반들과 함께하는 아름다운 동행이다. 봉사하는 날엔 그 일이 최우선 순위가 될 정도로 중요한 일정이 되었다. 사중의 행사에 따라 오백에서 팔백 인분의 그릇을 씻는다. 그릇의 수보다 몇 곱절 많은 전생에서부터 금생에 이르는 업(業)을 닦는 심정으로 초벌 씻기를 한다.

　설거지하는 일은 계절에 상관없이 온몸이 땀범벅이 된다. 짠 내 나는 소금꽃이 눈에 들어갔을 때는 화장품 성분과 섞여 눈이 따갑고 눈물이 흐른다. 힘겨울 때도 적지 않다. 설거지 봉사는 오욕의 때로 엮어진 업장을 소멸하는 수행의 한 과정으로 받아들이려고 노력한다. 다음 생을 위한 욕심의 발로인지도 모를 일이다. 피곤한 일이지만 봉사를 마치고 난 후의 뿌듯함은 이루 말할 수 없다. 부처님의 가피(加被)를 온몸에 받는 느낌이 든다.

　봉사는 살아온 세월만큼 탄탄해진 욕심과 이기심으로 구겨진 마음의 자국을 펴는 일이다. 내 마음의 잔주름을 펴는 심정으로 마음의 다림질을 한다. 마음 깊숙이 숨겨진 온갖 시름과 켜켜이 쌓인 묵은 때를 다림질의 횟수만큼 씻을 수 있다면 얼마나 좋을까. 연륜만큼 깊은 골은 쉬이 씻기질 않는다. 늘 자신을 되돌아봐야 한다. 지난 일의 실패와 좌절이 남은 생의 본보기가 되기도 한다. 지난 생을 되돌아보는 일은 살아갈 인생길의 나침반이 된다.

　어릴 적 친구들은 언제 보아도 좋다. 나이 들면서 친구의 소중함과 인연의 고마움을 느낀다. 인생의 바다를 항해하는 배의 평형수 같은 존재라고나 할까. 버거운 세상살이에 친구들과의 진솔한 대화를 나누는 것은 또 다른 행복을 줍는 일이다. 대화를 통해서 고민하던 일에 최선의 길을 찾곤 한다. 사심 없는 친구들과 만나며 접해보지 못한 길을 가보기도 한다.

친구마다 인생의 향기를 뿜으며 자신만의 개성 있는 색깔을 지닌다. 내가 지닐 수 없고 미처 깨닫지 못한 인생사를 친구들을 통해서 경험하게 된다. 친구는 또 다른 자신의 거울이라고 하지 않는가. 친구들을 만날 때마다 오랫동안 키워냈던 아만심을 버리게 된다. 지극히 객관적이고 이성적으로 살아가는 지혜를 터득할 수 있기를 소망해 본다.

가족을 위한 식탁을 마련할 땐 더없이 좋다. 바른 먹거리로 정성을 쏟은 만큼 완성된 음식은 정직하니 말이다. 음식엔 마음이 담겨있다. 가족의 건강을 책임진다는 야릇한 자긍심을 가져본다. 세상사는 뜻대로 되지 않지만, 내가 장만하는 음식은 오직 내 마음대로 만들어진다. 각각의 재료가 한데 어우러져 맛있는 음식이 완성되듯이, 세상살이에도 모든 이들에게 배려와 이해로 조화로운 삶이 이뤄지기를 기대해 본다.

행복은 찾으려고 애쓰는 자에게만 방문한다. 스스로 만들고 가꾸는 것이다. 행복하고자 하는 사람만이 그것을 누릴 수 있다. 우리가 찾으려는 행복은 무엇이고 어디에 있을까. 행복은 마음먹기에 달려 있는 것일까. 내 안에 있는 행복을 두고 그것을 찾는데 방황하고 있는 것은 아닌지. 일상에서 놓쳐버린 행복을 찾으려고 애쓴다. 결코 쉬운 일은 아니다. 소소한 행복을 모으려는 일은 내겐 사는 기쁨이다. 긍정의 에너지는 무한하며 배신하지 않는다.

"1% 소소한 행복거리를 행복의 저울 쪽에 올려놓는 사람이 행복하다."라는 이해인의 시구가 가슴에 와 닿는다. 결국 행복과 불행은 1% 무게의 기울기로 결정된다고 한다. 그것은 다분히 주관적인 인생관이 작용된다. 개인적인 삶의 자세나 도덕적 가치와 사회적 관습이나 제도와 같은 여러 가지 상황에 따라 달라진다. 세상을 어떻게 바라보는가에 달려있다.

행복 하려는 마음을 지닌다면 불행의 강도도 여리게 느낄 수 있을 터이다. 내려놓을 수 없는 삶의 무게를 조금이나마 줄이려는 마음을 지녀야 한다. 그런 마음을 지니면 견디기 힘든 고난과 역경도 잘 이겨낼 수 있을 것이다. 깊고 어두운 긴 터널을 꿋꿋하게 헤쳐나와 밝은 빛을 맞이할 수 있으리라. 그곳엔 희망이 기다리고 있을 터이다. 희망은 행복에 이르는 길잡이가 되어준다. 희망을 품는 것은 행복의 씨앗을 틔우는 일이다.

나이가 들면서 내 안에 있고 곁에 둔 행복을 낚으려 애쓴다. 하루의 문을 열고 닫으며 가까이 잡을 수 있는 소소한 기쁨을 만끽한다. 매양 긍정적인 마음을 키우려 노력한다. 잠자리에 들기 전에 가족은 물론 세상 사람들이 편안한 휴식을 보낼 수 있기를, 무탈하게 내일의 문을 활짝 열 수 있기를 소망한다. 지금 반복하는 작은 행동이 나와 모두의 행복의 탑을 쌓는 일이다. 생각의 깊이로 마음 속에 틔우는 씨앗을 움트게 할 일이다. 그럴수록 누릴 수 있는 삶의 가치도 커 가겠지.

행복과 불행의 잣대는 자기 자신이 지니고 있다. 그 크기와 느낌도 제각기 다르다. 마음은 비울수록 더 편안해지고 행복은 비워 둔 자리를 찾는지도 모른다. 마음을 비워야 비로소 보이는 것들이 있다. 소중한 것들은 눈에 보이지 않는다. 무엇이든 영원한 것은 없다. 행복이 눈과 가슴에 스밀 때 불행은 이미 우리 곁에 다가오는지도 모른다. 불행이 닥쳐올 때도 우리 곁에 웅크리고 있는 행복이 찾아들기 기다려야 될 것이다. 매일 자신이 생각하는 행복과 불행은 수없이 교차하며 시간을 색칠한다. 그 속에서 다양한 감정이 채색되기도 한다.

행복을 달라고 했더니 감사를 배우라고 한다. 아침을 맞이할 수 있고, 어떻게 살 것인가를 생각할 수 있고, 마음껏 움직일 수 있다면 이만한 행복이 또 어디에 있겠는가. 작은 일상의 순간이 최고의 선물이다. 살아보니 인생 별거 없고 행복도 거창한 건 아니라고 한다. 주어진 상황에 만족하는 삶이 행복에 이르는 길일 터이다. 고마운 마음속에 행복의 열매는 영글어 가리라.

언제나 나로 인해 행복해지는 사람이 있는지 생각할 때이다. 서로 공존하는 행복을 만들어가야 한다. 행복해지는 사람이 많을수록 따뜻한 기운이 사랑을 키울 수 있을 테다. 모두 일상에서 자신만이 지닐 수 있는 행복, 누구에게나 나눌 수 있는 행복, 삶의 복잡한 감정의 기울기를 행복 쪽으로 올려놓을 수 있는 마음의 저울을 지닐 수 있으면 좋겠다.

4부

촛농꽃

촛농꽃

연등이 날개를 달고 바람에 너울댄다. 금박 무늬가 박힌 날개가 햇빛에 반짝인다. 봉은사의 진여문에 들어서자 법왕루까지 하늘을 장식한 오색 연등이 춤을 춘다. 바람에 흔들리는 연등의 높이만큼이나 소원하는 바가 깊으리라. 불제자와 대중의 발원을 품은 연등이 부처님 가까이에 닿는 듯하다.

줄을 맞춰 걸린 오색 연등은 내리쬐는 태양 빛을 온몸으로 끌어안는다. 지혜의 등, 광명의 등을 밝힌 사람들의 정성이 태양빛과 어우러졌다. '지성이면 감천'이라는 말을 읊조리며 마음을 모은다. 경내 바닥에 연등의 그림자가 일렁인다. 바람에 흔들리는 그림자는 저마다의 소원을 품고 있다.

봉은사 경내의 풍경은 언제나 마음을 사로잡는다. 며칠 전 석가탄신일의 봉축 모습을 그대로 안고 있다. 대웅전 앞 석탑은 묵직하게 선 채로 불법의 향기를 품고 있다. 석탑 앞 공양대에는 예전처럼 많은 촛불이 밝혀져 환하다. 향을 피우고 초에 불을 밝혀 공양대에 올리고 일심으로 합장하며 절을 했다.

　소망을 품고 올린 초는 제각기 타고 있는 정도가 다르다. 촛농은 흰 심지의 불꽃에 자신의 몸을 태우며 빛을 내고 흘러내린다. 초의 눈물은 희고 뜨겁다. 뜨거운 것은 사랑을 품는다. 촛농은 식으며 초에 붙어 갖가지 모양을 만든다. 초의 눈물이 층층이 쌓인다. 녹아내린 눈물의 양보다 발원하는 바가 절절할 터이다. 촛불을 밝힌 사람들의 소원이 원만하게 성취되기를 간절히 바란다. 부처님의 가피加被를 바라는 마음이 촛불 앞에 모여 있다.

　봉은사는 서울에 살았을 때 십여 년 동안 다녔던 절이다. 서울에 갈 때마다 시간을 내어 들르는 곳이다. 불교대학 과정을 마친 도반들과 해우소 청소와 오백여 명이 점심 공양을 마친 설거지 봉사를 했다. 아름다운 동행이었다. 봉사하려는 초심을 잃지 않기 위해서 쉬운 일, 어려운 일을 가리지 않았다. 고단한 일이라 누구나 꺼리는 초벌 씻기를 매번 자처했다. 삶의 갈피마다 늘어나는 욕심으로 찌들어 가는 마음도 깨끗이 비워내고 밝게 닦을 수 있다면 얼마나 좋을까.

　알게 모르게 마음과 말과 행동으로 연륜만큼 쌓아온 불선업不善業을 닦는 심정으로 봉사했다. 몸은 힘들어도 마음은 청정해지는 듯하다. 봉사하며 흘리는 하얀 소금꽃의 짠맛만큼 진한 보람을 느끼게 된다. 힘든 일을 하며 육신의 피로가 쌓일수록 부처님의 가호加護하심에 보답하는 일이라는 믿음의 발로였는지도 모른다.

결혼 초, 가풍을 익히기 위해 시댁 바깥채에서 살았다. 맏며느리로서 본분을 다하려고 긴장하며 사느라 힘들었다. 시어머니는 날마다 해넘이께 주방 벽면 모서리에 놓여 있는 놋 촛대에 촛불을 밝혔다. 눈이 시리게 흰 백자 대접에 정화수도 올리셨다. 초가 타면서 흘러내린 촛농의 양과 모양을 보고 가족의 운세를 가늠했다. 시어머니는 촛농이 줄줄 녹아내릴 때는 "초가 울고 있다."라고 말하며 가족에 대한 염려와 걱정을 하곤 했다.

시어머니는 기제사를 모실 때도 초에서 흘러내리는 촛농의 모양을 보고 의미를 부여했다. 환하게 타오르는 초의 눈물이 차곡차곡 쌓여서 꽃을 이룰 때는 제사 모신 조상이 좋은 기운으로 도와주어서 모든 일이 잘될 거라고 말했다. 촛농이 그대로 흘러내릴 때는 자식들에게 매사에 조심하라고 염려했다. 어느덧 내가 모시는 기제사에서도 촛농이 흘러내린 상태를 보곤 시어머니가 그랬던 것처럼 집안의 안위安危를 생각하게 된다.

시어머니의 모습은 타오르는 촛불에서 흘러내리는 촛농처럼 느껴진다. 겉으로 드러나지 않고 묵묵히 심지의 불꽃에 자신의 몸을 밀어 넣으며 촛불을 밝혀주는 촛농의 모습을 닮았다. 매사에 공을 들이는 모습을 오랜 세월 지켜보면서 그런 정서가 내 마음속에도 스며들어 가족을 위한 보이지 않는 사랑이 촛농처럼 쌓여 간다.

결혼 후에 처음 맞이했던 석가탄신일의 기억이 또렷하다. 음력 사월 초파일로 들어서는 자정에 시어머니와 함께 절에 가서 시아버지와 식구 수대로 정성과 염원을 담아 연등을 밝혔다. 한지로 만들어진 진분홍색의 연꽃잎 한 장 한 장이 불심의 향기를 머금은 듯하다. 석가탄신일이 다가올 때마다 비가 오면 연꽃등이 젖어 등을 밝힐 수 없을까 봐 노심초사하곤 했다. 연꽃등을 마주하며 진흙 속에서 청정하게 피어나는 연꽃도 촛불처럼 밝은 빛을 안겨 준다고 생각했다.

해마다 마주하는 석가탄신일에는 연등 속의 초가 거의 다 탈 때까지 대웅전 앞 잔디밭에 앉아 절을 하며 염불을 외운다. '석가모니불'을 염불하면서 나풀거리며 소원지가 매달린 연등마다 떨어지는 촛농을 수없이 살핀다. 연등 속의 초의 심지가 똑바로 잘 타서 촛농꽃으로 쌓이길 빌곤 한다.

초는 스스로를 태우며 사위를 밝혀준다. 어둠과 고난을 이겨낼 수 있는 희망의 빛을 선사한다. 초는 심지가 타면서 저 스스로는 소멸하고 동시에 촛불로 생성된다. 빛을 잃은 초에서는 눈물이 흐르지 않는다.

살아오면서 기쁨과 슬픔, 만남과 이별, 독선과 참회가 혼재된 눈물을 흘렸다. 그 눈물은 내 영혼의 우물에 고여 있다가 조금씩 퍼 들어 올린다. 눈물을 흘린다는 것은 살아가고 있다는 일이다. 생명이 살아 숨 쉬고 세포가 살아 움직이는 일이다. 눈물을 흘리고 나면 마음이 정화淨化된다. 지금보다 영혼이 안정된 상태를 기대해 볼 일이다.

촛농은 자신을 녹이고 밝은 빛을 내어주며 이타행을 실천하는 것인가. 촛농은 촛불을 위해 숨죽이며 녹아내린다. 촛농의 숙명이다. 온기와 희망을 뿜어내는 촛불을 보며 상념에 잠긴다. 누군가에게 밝은 빛을 내어주기 위해 촛농처럼 살아왔는지, 저 스스로는 소멸하며 어둠을 밝혀주었던 존재가 되어왔는지 되돌아본다.

석탑 앞 공양대에 촛농꽃이 피었다. 촛농꽃은 기도하는 마음에 피는 꽃이다. 촛불을 밝혀 소망을 품은 마음들이 꽃을 이루었다. 삶도 고단함이 지나면 기쁨을 마주하듯이 타자를 위해 작은 것이라도 영글게 하는 삶이길 염원해 본다. 세상 사람들을 위해 푸근한 마음으로 한 생각을 미쁘게 살다 보면 지극한 정성이 부처님 가까이에 가닿을 터이다.

가족과 이웃은 물론 촛불을 밝힌 사람과 세상 모든 사람의 무사안녕을 기원해 본다. 그들이 온갖 시름없이 평안히 살아가길 간절히 바란다. 그들의 소원이 이루어지기를 발원하며 두 손 모은다.

궤를 열며

나이가 들어서인지 오래된 물건에 대한 애착이 각별해진다. 그들과 마주했던 시간의 길이에 깊은 애정을 느끼게 된 때문일까. 정을 품은 만큼 그 물건들을 아끼고 사랑하게 되었다. 어디 물건뿐이겠는가. 사람도 오랫동안 함께한 사람일수록 끈끈한 정이 도탑다. 불현듯 눈이 부시게 푸르른 날에 알았던 사람이 더욱 그리워진다.

소원했던 옛 친구를 만나면 늘 마주했던 것처럼 느껴진다. 오래전부터 서로의 마음속에 깊이 스며들어서인가 보다. 사람이든 물건이든 스며드는 깊이에 따라 그 관계도 깊어진다. 이른 아침의 여명 속에서, 어둠과 빛이 서로에게 스며드는 모습을 바라본다.

장인의 숨결이 담긴 궤에는 크고 작은 장석들이 앙증맞다. 무엇이든 작은 것들에는 유난히 사랑옵다. 작고 초라한 것들을 보면 측은하고 어여쁜 생각마저 든다. 결혼 후 사십여 년 가까이 함께한 애장품이다. 세월의 빛이 고스란히 스며든 물건이다. 궤를 볼 때마다 조금씩 발돋움하며 커가는 외손자 모습이 아른거린다.

궤는 마주보는 한쪽 면에 홈을 파서 두 면이 맞물려 아귀가 맞게 결속되었다. 못을 사용하지 않고 한 치의 오차도 없이 견고하게 짜였다. 섬세한 장인의 손길이 묻어 있다. 살아가면서 부모와 자식, 남편과 아내, 가족이나 친구 사이는 물론 많은 사람들을 만난다. 사람과의 관계에서도 믿음으로 마음을 나누며 아귀가 맞는 사이가 되기를 간절히 바란다.

반짇고리함만 한 궤는 하나가 아니라 짝을 이루어서 외롭지 않다. 초임 교사 시절에 고교 삼 학년 담임을 맡았던 아이들에게서 결혼 선물로 받은 물건이다. 결혼해서 잘 살기를 바라는 제자들의 진심이 담긴 선물이다. 졸업한 아이들이 어떻게 궤를 제작해서 결혼 선물로 줄 생각을 했을까. 요즈음에는 상상하기 어려운 제자들의 따뜻하고 곡진한 마음에 눈가가 촉촉해진다. 스승과 제자와의 따스한 정이 푸근했던 시절이었다. 내가 생각했던 거보다 훨씬 어른스러운 아이들이었던 것 같다. 선생님을 향한 아이들의 수련한 마음이 해맑은 눈망울만큼 궤 안에 가득하다.

궤를 마주할 때마다 교단에서의 추억이 어제의 일인 것처럼 선연하다. 때 묻지 않은 감성을 지닌 아이들이다. 감수성이 풍부한 아이들에게 사랑을 주려고 무던히 애썼다. 사랑을 품고 느낄 수 있게 해주고 싶었다. 미래를 향한 푸릇한 꿈을 마음껏 품을 수 있기를 간절히 바랐다. 궤 안에 소중히 간직한 그때의 교무 수첩 속에 얼굴을 내민 소녀들은 흰색 카라의 교복을 입은 앳된 모습들이다. 지금은 중년의 언덕에 올라 나와 함께 늙어갈 아이들이 그리워진다. 아이들과 함께했던 시간은 내 인생에서 청춘의 봄이었다.

아이들은 보살핌이 필요한 어린나무였다. 그들은 대지 위에서 햇빛과 바람, 비와 눈을 맞으며 조금씩 성장했다. 어머니의 마음으로 온기를 보듬으며 단단한 나무로 자라는 데 온 정성을 다했다. 사람을 키우는 일보다 귀하고 보람된 일은 없으리라. 사람과 사람 사이에 마음의 교감이 얼마나 소중한 일인가. 해마다 새로운 인연으로 만나는 아이들에게 늘 희망을 품었다.

궤 안에는 내 젊은 날의 영혼이 담겨 있다. 결혼 전에 서울에 있었던 남편과의 애틋했던 추억이 떠오른다. 근무하는 시골 학교 주변에서 자취를 하던 때이다. 통신 수단으로 편지를 쓰거나 전화를 거는 게 고작이던 시절이다. 우체국에서 교환원이 연결해 준 수동형 전화기로 남편에게 전화를 거는 것이 멋쩍었다. 전화로 마음이 담긴 말을 건네는 일도 쑥스러워 거의 편지를 주고받곤 했다. 교환원은 본의 아니게 통화 내용을 엿듣게 된 셈이다. 교환원은 청춘 남녀의 사랑의 훼방꾼 역할을 적잖이 한 것 같다.

설렘과 기대로 펼쳐본 남편의 편지에는 푸른 하늘을 떠다니던 구름이 흘러가고 있었다. 그의 편지를 읽으며 "사랑하는 것은 사랑을 받느니보다 행복하나니라"라는 시구를 가슴속에 품었다. 편지를 주고받는 동안 상대방의 마음을 읽을 수 있는 하늘눈을 지녔던 것 같다. 편지로 마음을 나누는 일은 정감 있고 낭만적이다. 마음을 내보이지 않아도 서로 교감되던 아름다운 시절이었다. 가을 단풍이 붉게 물들어 갈 때 나에게 온 편지는 내 마음도 함께 붉게 물들었다.

추억이 서린 물건들에는 알 수 없는 에너지가 있다. 나의 삶이 눅진하게 배어든 궤를 여닫는 일은 살아가는 데 위로가 된다. 위로의 힘으로 느슨해지고 여려진 마음을 다잡아 본다. 후회 없는 삶이 어디 있으랴만 달려온 세월이 디딤돌이 되어 여태껏 잘 살아왔다. 허투루 살아온 것 같은 세월도 나름대로 의미가 있다. 추수 끝난 빈 들녘에 가지런한 볏단처럼 남은 인생도 잘 마무리되어야 할 것이다.

꿈은 늙지 않지만 갈수록 크기가 작아지고 열정이 식어가는 것 같다. 어쩌면 이룰 수 있는 희망을 놓아버리고 있는지도 모른다. 요즈음에는 소박한 꿈을 마음에 심는다. 꿈을 품는 일은 세포가 살아 있다는 징표이다. 꿈이 있다는 것은 행복을 만들어 가는 일이다. 희망은 삶의 원동력이 된다. 지금이라도 다시 일어나 아직도 살아 있는 모든 것을 다시 뜨겁게 사랑하리라.

부드러운 비로드 천에 동백기름을 묻혀 궤를 닦는다. 닦는 만큼 윤이 나는 궤처럼 퇴색되지 않고 밝은 빛이 나게 살아가고 싶다. 푸른 마음을 지녔던 젊은 시절을 곱씹어 본다. 궤 안에 담겨 있는 제자들과의 옛 기억을 더듬는다. 남편과 함께 걸어온 숱한 일들이 가슴을 적셔온다. 궤를 여닫는 일은 지나온 흔적들을 회억하는 일이다. 추억은 아름답다. 추억을 소환하는 일은 희미해져 가는 삶의 의미를 되찾는 일이다.

궤는 작은 공간이지만 그 안에 많은 이야기를 품는다. 궤를 여달을 때마다 나의 인생사가 빼곡하게 무늬를 이루면서 그림자가 보인다. 궤 안에는 인생의 빛과 어둠, 행복과 불행, 기쁨과 슬픔이 혼재되어 있다. 긴 세월의 시간이, 멀어진 사람, 사라져 간 기억이 소중하게 머물고 있다. 붉은 우체통은 잃어버렸지만, 그 속에는 아직 전달되지 못한 소중한 편지들이 담겨 있다.

궤의 좁은 공간이 한없이 큰 공간으로 내게 다가온다. 남은 날들을 살아낼 수많은 이야기를 품을 공간이다. 먼 훗날, 궤와 함께 잘 살아낸 세월의 흔적을 다시 들춰볼 수 있기를 꿈꾸어 본다.

마음의 시계

달력 위의 시간이 속절없이 흘러간다. 결코 되돌릴 수 없는 일이다. 시간은 영원히 멈춰 있지 않고 세월은 끊임없이 흐른다.

오늘은 어제의 온전한 하루가 채워져야 받는 선물이다. 내일은 오늘을 잘 살아내야 열린다. 시간의 영속은 과거라는 이름으로 세월의 뒤안길에서 침묵한다. 한 장 남은 달력이 눈앞으로 걸어 들어온다. 새해 새로운 다짐으로 삶의 여정을 계획했던 일이 엊그제가 아니었던가. 연륜만큼의 속도로 세월이 빨리 흘러가는 것을 절감한다. 아마도 마음의 여유가 없는 까닭인지도 모를 일이다.

시간은 누구에게나 공평하게 주어진다. 세월은 정직하다. 그것의 활용에 따라 삶의 무늬는 다른 결을 이루게 된다. 순간순간은 삶의 무늬를 이루는 점이다. 무수히 많은 점들이 모여서 선을 이루고 그것은 다시 인생의 묵직한 획을 만든다. 순간을 잘 보내는 일은 자못 중요하다. 그것이 잘 살아가는 일일 터이다. 오는 것을 막을 수 없고 가는 것을 어찌할 수 없는 게 세월이 아닌가.

내가 생활하는 공간에는 탁상시계가 놓여 있다. 시간을 잘 활용하기 위한 요량이다. 시계에는 아라비아 숫자가 표시되어 있어 한눈에 시간을 볼 수 있다. 시간의 노예가 된 것 같은 생각이 들지만, 하루를 잘 살아가기 위한 자구책이다. 집안의 탁상시계는 항상 오 분 빠르게 맞춰 놓았다. 매사에 늦는 일을 방지하기 위해서이다. 오 분은 예비의 시간이다. 삶에서 예비의 시간을 마련하는 일이 가능한 일인가.

아버지는 오랫동안 직업군인을 하셨다. 그런 이유인지 어렸을 때부터 생활 계획표를 작성해서 검사를 받았던 기억이 또렷하다. 일찍 일어나는 습관과 절도節度 있는 생활이 각인되어 그때부터 시간에 대한 강박관념이 생겼다. 공휴일에도 늦잠 자는 일이 없었다. 시간의 소중함을 미리 터득한 터이다. 약속을 지키지 않거나 잘못한 일이 있을 때는 반성문을 써냈던 기억이 생생하다.

삼십여 년 전에 세상을 떠나신 아버지는 오 남매의 성장에 정신적으로 묵직한 디딤돌이 되어주었다. 지금도 내 가슴속에 흐르는 아버지의 가르침은 마르지 않는 샘물이다. 아이를 키우면서 과거와 현재가 공존하려는 인식으로 전환하려고 노력했다. 지금도 인생의 갈림길에서 어디가 지름길인지 에움길은 또 어느 곳인지 알 수 없다.

시계는 끊임없이 움직인다. 어떤 상황에서도 평상심을 잃지 않는다. 쉬지 않고 그 자리에서 시곗바늘을 움직일 뿐이다. 그 속도의 빠르고 느림의 정도나 내용의 의미 부여는 마음가짐에 따라 달라진다. 매 순간 수차례 시계를 보고 시간을 확인한다. 스물네 시간을 잘 살아내려는 습관이다. 지속되는 코로나19로 '집콕' 생활이 다반사가 된 상황에서 시간의 의미를 되새겨 본다.

집에 있는 일이 많아지면서 자신과 삶에 대한 생각이 깊어진다. 나는 누구이며 무엇을 위해 살고 있으며 어떻게 살아가야 할 것인가를 자문하게 된다. 주어진 삶의 시간표대로 무심코 하루하루를 살아내는 일이 연속이었다. 그 세월을 지내왔기에 오늘을 맞이할 수 있었을 것이다. 허투루 살아온 인생이지만 지나온 세월은 오늘의 버팀목이 되었으리라 믿고 싶다.

인생길은 평탄하지 않다. 행·불행, 고통·쾌락, 기쁨·슬픔, 사랑과 미움이 고비마다 혼재되어 있다. 그래도 잘 견뎌내어 지금 이 순간을 맞이한다. 과거에서 소환되는 기억들은 늘 실수투성이라 회한이 남는다. 연륜이 쌓인 지금, 과거의 삶을 다시 살아낸다면 그때보다 잘 살 수 있을지 의문이다.

시곗바늘이 가리키는 숫자를 넘어 마음의 눈으로 시간을 헤아려야 한다. 시간은 소유할 수 없다. 하지만 마음의 주인은 자신이다. 눈에 보이지 않고 붙잡을 수도 없는 것이 마음이다. 생각대로 움직이지 않고 자신도 알 수 없는 것이 마음이다. 그것을 다스리고 올바르게 움직이는 일은 생을 잘 살아가는 일이다. 마음의 시계를 품고 세상을 바라본다면 인생의 의미가 달라질 것이다. 또 다른 우주가 열릴 것이다.

　시계를 보며 평정심을 배운다. 서두름 없이 어떤 상황에서도 자신의 본분에 충실함을 본받고 싶다. 규칙적으로 반복하며 움직이는 시곗바늘을 보며 기나긴 인내와 교만하지 않음을 배운다.

　인생길은 유한하다. 인생 시계도 그 길의 종착역에서 멈춰 선다. 그것이 삶의 묘미이다. 인생 시계는 자신만의 고유한 삶의 무늬이며 현재는 물론 미래의 시간도 꿈꾸게 한다. 모두 저마다의 무늬와 색깔이 있는 자신만의 인생 시계를 갖게 된다. 그 안에서는 빛과 어둠, 좌절과 희망, 행복과 불행의 시간이 공존해 있다. 현재의 삶을 지탱해주는 버팀목이 되어 준다.

　삶의 틀에서 받아들일 수밖에 없는 상황이 많다. 자신만의 인생 시계를 품기 위해 자유로운 영혼과 시간을 가꾸어야 한다. 인생의 주인공은 자신이고, 희망은 꿈꾸며 노력하는 자에게만 열리기 때문이다. 마음의 시계가 끊임없이 움직일 수 있도록 내면의 소리에 귀 기울여야 하리라. 밖으로 향했던 눈과 귀를 안으로 거두어들여 내면의 뜰에서 자신만의 꽃을 가꾸어야 한다. 하루의 삶을 들여다보고 관조觀照하는 시간을 가져야 할 일이다.

　세상에서 가장 소중한 자신의 존재를 알고, 주어진 현재의 삶을 살아야 한다. 진정 아름다운 삶을 어떻게 살아가야 할 것인가, 사람들에게 어떤 사람으로 기억될 것인가를 깊게 고민하게 된다. 하루를 보내는 것은 죽음을 향해 더 가까이 다가서는 일이다. 삶의 완성은 죽음이라 했던가.

 흘러간 달력의 자취를 헤아린다. 여백을 채우며 나열된 아라비아 숫자 속에 지내온 인생사가 얼굴을 내민다. 힘겨운 코로나19 상황 속에서 최선을 다해 살아온 흔적이 보인다. 그동안 무엇을 위해 어떻게 살아왔는지 뒤돌아보지 않을 수 없다. 남은 달력의 인생길도 잘 살아가리라.

 내 인생에도 중년의 삶이 익어간다. 가슴속에 있는 희망의 빛이 꺼지지 않게 마음의 시계에 스위치를 다시 눌러본다.

소주 석 잔

"을지로입구역예요. 좀 늦을 것 같아요. (ㅠㅠ)" 귀가가 늦는 둘째 딸이 보내온 카톡 내용이다. 미안함을 담뿍 안은 이모티콘과 함께였다.

연초에 남편과 두 딸은 서로 합의로 통금 시간을 정했다. 대학생 새내기인 작은딸은 오후 열한 시로 결정했다. 남편이 넉넉한 인심을 발휘한 셈이다. 과년한 딸을 둔 부모로선 귀가 시간에 신경이 쓰인다. 요즘 시대 상황에 대한 과민 반응의 표시인지. 왠지 씁쓸한 심사이다.

핸드폰 컬러링이 울렸다.

"여보세요?"

"엄마! 나 어지러워서 집에 못 갈 것 같아."

"왜 그래? 정신 차려 봐. 술 마셨니?"

"응. 조금…."

"여보세요? 여보세요?"

"…."

 핸드폰 버튼이 닳을 만큼 숫자를 여러 번 찍어댔다. 딸의 핸드폰 수신 신호 음악 소리만 맥없이 들렸다. 갑자기 두려움과 공포가 엄습해 왔다. 가슴이 무너져 내렸다. 온몸에 힘이 쭉 빠지고 무거운 돌덩이가 내 머리를 내리친 것 같았다. 아무 일 없어야 할 텐데…. 마음이 심란했다. 이럴 때 극한 상황까지 떠올리는 게 부모의 마음일 테다. 처음 있는 일이라 어찌할 바를 몰랐다.

 정신을 가다듬고 작은딸과 다시 통화를 시도했다. 딸아이는 동대문역사문화공원역에서 내렸다고 했다. 내가 데리러 간다고 했다. 개찰구 쪽 편의점에서 주스나 생수를 사서 마시면서 기다리라고 말했다. 초콜릿이나 사탕도 먹으라고 애타는 심정으로 다독인다. 온몸이 떨려서 운전할 엄두도 나지 않았다. 집 앞 전철역으로 향하는 길이 십 리 길 같다. 마음만 동대문역사문화공원역으로 달렸다.

 딸이 있는 역에 도착했다. 정신없이 허둥대며 나가는 곳으로 향했다. 멀리 편의점 옆 의자에 앉아 있는 딸의 모습이 보인다. 생각했던 것보다 상태가 좋아 보여서 마음이 놓였다. 대학교의 여러 행사 중 음주로 인한 불미스럽고 걱정되는 사고의 내용을 알고 있어서 이만함도 다행이구나 싶었다. 세상 살아가는 모든 일에 그저 고맙다는 말을 습관처럼 대상도 없이 중얼거렸다.

 이 상황이 당황스러웠던지 딸은 울면서 나를 와락 껴안았다. 우리는 한참 동안 부둥켜안았다. 오랜만에 느끼는 딸의 체취가 좋았다. 어렸을 때의 그것과는 사뭇 달랐다. 풋풋하고 싱그러운 느낌이었다. 나이가 들었음인지 엄마라서 좋았고 오래도록 엄마이고 싶었다.

학교에서 새터(새내기 배움터) 행사가 있었고 뒤풀이에서 소주 석 잔을 마셨다고 했다. 처음 마시는 술이어서 딸이 감당하기 어려웠던 모양이다. 나 역시 술을 잘 못 마신다. 그것마저 나를 닮았는지…. 맥주 한 컵만 마셔도 다리에 힘이 빠지는 걸 느낀다. 취기에 익숙하지 않아서 지레 겁을 먹고 더 마시기를 자제하곤 한다. 교직에 있을 때, 회식하며 가벼운 술자리에선 분위기를 깨뜨리는 사람이 된 것 같아 미안할 때도 적지 않았다. 애써 그런 자리를 피하곤 했다. 술도 잘 마시고 때와 장소에 조화롭게 대응하는 여성이 멋있게 느껴지기도 했다. 그런 자리에선 분위기를 띄우는 사람이 부러웠다. 술을 못 마시는 덕택에 사는 동안 술로 생긴 뒤탈은 없다.

돌아오는 전철 속에서 내 어깨에 머리를 기대고 잠이 든 딸을 보며 깊은 상념에 잠긴다. 자식을 낳은 어미는 눈을 감을 때까지 자식에 대한 연민과 사랑을 내려놓지 못한다. 날이 갈수록 세상엔 위험이 도사리고 있다. 위험으로부터 안전하기를 바라는 부모의 마음이 오죽하랴. 엄마로 살아가면서 큰 아픔을 견뎌내며 조금씩 익어가는 것인가. 자식을 보면서 인생을 배워가는 것이다. 날이 갈수록 푸근한 품이 되어가겠지.

　부모가 자식의 마음을 헤아릴 수 없듯이 자식도 어버이의 깊은 심정을 알 수 없으리라. 부모의 근심과 걱정과 염려는 자식을 키우는 거름이다. 내가 부모가 되기까지 부모님으로부터 오늘처럼 가슴 조이던 순간들이 많았을 터이다. 부모가 되어서야 비로소 때늦은 후회를 한다.

　기쁨과 행복을 안겨다 주었던 딸의 모습을 떠올려 본다. 딸은 시행착오를 겪으면서 사회를 향해 한 걸음씩 나아가리라 믿는다. 세상살이가 녹록지 않고 자신의 의지대로 이루기 어렵다는 것을 알게 될 터이다.

　딸은 인생이라는 바다를 항해하며 실패와 좌절을 거듭하면서 조금씩 단단해질 것이다. 나름대로 지혜와 용기를 키우며 서서히 참어른이 되리라 믿는다. 밀물과 썰물이 혼재된 인생사의 끝없는 파도타기를 하며 균형 있는 자신을 만들어 갈 것이다. 바로 갈 수 있는 길을 한참 돌아서 가면 어떠한가. 부모는 서두르지 말고 기다려야 하리라.

　이 이야기는 가족들에게 '동대문역사문화공원 사건'으로 회자된다. 딸에게는 그 기억이 자신이 홀로서기를 위한 시간 속의 에피소드가 될 터이다. 정신을 차리고 살아가는 일이 얼마나 어려운 일인가. 먼 훗날 대학교 신입생 때의 웃지 못할 추억으로 남을 것이다.

아버지 별

쾌청한 하늘이 봄볕을 부른다. 한라산 중턱에 자리한 '국립제주호국원'에 아버지를 모시는 날이다. 영험한 산의 기운이 묘역을 끌어안고 있는 모습이다. 봄날의 햇살이 마음껏 위용을 부리고 짙푸른 신록의 빛깔은 윤기로 반짝인다. 주변에 병풍처럼 에워싸인 삼나무 숲이 묘역을 지키는 호위무사 같다. 자존감을 높이며 곧게 뻗은 나무의 자태가 의기충천한 군인들의 열병식을 보는 듯하다. 나라를 지키기 위해 피 끓는 젊음을 희생한 영령들을 마주하니 숙연해진다.

아버지는 삼십 년 넘게 문중의 가족공동묘지에 계셨다. 새벽에 파묘를 해서 화장을 한 후 이곳에 봉안하게 되었다. 구순을 바라보는 어머니는 눈 감기 전에 좋은 곳에 모시게 되어 여한이 없다고 한다. 며칠 전, 어머니 꿈에 아버지가 웃는 모습으로 나타나셨다고 했다. 육신은 떨어져 있어도 영혼은 가족을 지키고 있다는 믿음을 가져 본다. 오래전에 사별한 남편에 대한 공경과 애틋함을 지닌 어머니의 마음을 읽을 수 있다.

제복을 입은 국가보훈처 소속 의전 단원들이 안장 의식을 진행한다. 선두에 태극기를 펴고 시작된 의식은 마지막 허토 작업을 하면서 마무리된다. 평안히 영면하시기를 기도했다. 아버지의 딸로 살아갈 수 있어서 감사하고 하늘을 우러러 한 점 부끄러움 없이 살겠다고 다짐해 본다. 아버지는 육군에서 국가유공자로 추서 받았다. 중대장 임무를 맡고 사병들을 호령하던 모습이 떠오르며 목울대가 따갑다.

호국원은 아버지가 영원히 살아갈 영혼의 집이다. 유골함은 한 평 정도의 땅에 봉안되었다. 새삼 인생무상을 느낀다. 크고 넓은 집, 더 좋은 자동차를 가지고자 하는 것을 생의 목표로 살아왔던 지난날이 다 부질없다는 생각이 든다. 끝없이 이어져 온 욕심, 욕심은 덧셈법이 아니라 곱셈법으로 작용한다. 아버지는 욕심 없이 살아도 많은 것을 이루셨다. 욕심은 삶과 죽음을 갈라놓기도 한다.

삶과 죽음의 경계는 무엇인가. 그것은 찰나인지도 모른다. 한순간에 삶과 죽음은 갈린다. 살아 있다는 것은 날숨과 들숨이 계속되는 것이다. 호흡이 멈추고 아무런 움직임이 없는 적요 상태가 죽음이리라. 서산대사는 "삶은 한 조각 구름이 일어남이요, 죽음은 한 조각 구름이 스러짐이라. 구름은 본래 실체가 없으니, 죽고 살고 오고 감이 모두 그러하다."라고 말했다. 아무도 예견할 수 없는 것이 죽음이다. 생이 머무는 자리 지금 이 순간을 잘 보내야 한다. 아버지 사진을 보며 주변에 있는 사람들이 소중하다는 생각이 다시 든다. 지금 내가 그들과 맺고 있는 인연에 깊은 고마움을 느낀다.

아버지는 한국전쟁에 참가하면서 군인의 길에 들어섰다. 가족에겐 사랑을 베풀어 주고 나라를 위해서는 헌신적으로 업무를 수행했다. 묘역에 안장된 분들의 고귀한 희생과 가슴 붉게 물든 조국애가 있어서 오늘을 일궈냈을 거다. 그들의 값진 희생에 머리를 수그리게 된다. 아버지는 영령들과 교감할 것이다. 참혹한 전투에서의 뼈아픈 상흔을 남긴 전쟁 이야기를 함께 나누고자 했으리라. 전장에서 구사일생으로 살아남은 전우들과 처참히 산화散華한 동료들을 떠올릴 것이다. 아버지 별은 항상 주변 사람들을 밝히는 데 몰두했다.

아버지는 전속 부관이 운전하는 군용차를 타고 출퇴근했다. 광이 나는 워커를 신고 반듯하게 주름 잡힌 제복을 입었다. 그 모습은 어린 마음에도 멋있어 보였다. 여느 아버지보다 자랑스러웠다. 군용차가 뿜어내는 매연이 사라질 때까지 어머니와 함께 한참 동안 서 있었던 기억이 생생하다.

아버지는 정감 있는 분이었다. 거나하게 술에 취해서 퇴근할 때는 검정깨가 박힌 단팥빵이나 전기구이 통닭을 사 들고 왔다. 운수 좋은 날에는 용돈까지 받았다. 우리 형제들은 아버지 손에 들린 밤참거리를 더 기다렸는지 모를 일이다. 단팥빵을 먹을 때마다 아버지 생각이 난다. 빵 속에 들어 있는 팥소의 달보드레한 맛

아버지 별　159

이 유년의 좋은 기억을 소환하기 때문이다. 추억이 서린 음식의 맛과 그 시절에 느꼈던 마음의 온도는 뇌리에 각인되곤 한다. 아버지에 대한 따뜻한 기억이 힘난한 세상에도 묵묵하게 살아가게 하는 힘이 된다.

어느 가을 소풍날, 편찮으신 어머니를 대신해서 서투른 솜씨로 싸 주었던 김밥 맛은 잊을 수가 없다. 김밥 속에 녹아 있던 눅진한 부정을 말이다. 체육 시간에 턱걸이를 못했던 아들을 위해 마당 한 구석에 손수 철봉을 만들어 줄 정도로 속정이 깊었다. 아버지는 자식들에게 생활 계획표 세우기와 책상 정리하기를 강조했다. 호랑이굴에서도 정신만 차리면 살아날 수 있다며 정신이 육체를 지배한다고 결기를 보였다. 매사에 강단이 센 아버지였다.

아버지와 어머니의 만남은 오 남매와 손주들과 증손주들까지 세상에 남긴 존귀한 인연이다. 부부의 연은 하늘이 맺어준다. 억겁의 세월 전부터 시작되어 현생에서는 물론 죽어서도 함께하는지도 모른다. 가장 끊기 어렵고 오래 지속되는 관계이다. 부부로 살아가는 것은 작은 우주를 만드는 일이다. 가정이라는 둥지를 틀고 또 하나의 사랑 결합체인 자식들을 만나서 새로운 세상을 꿈꾸며 살아간다.

부모님의 삶은 자식들의 인생에 선한 영향을 주었다. 나이가 들어보니 무겁고 힘들었을 삶의 무게가 아버지의 어깨를 짓눌렀으리라는 생각이 든다. 새삼 남편과 소중한 인연을 생각해 본다. 남편과 같은 방향을 바라보며 무탈하게 오래도록 함께하고 싶다. 하찮고 보잘것없는 것들을 보듬고 마음을 나누며 이타적 삶을 살아가고 싶다.

아버지는 마르지 않는 샘물처럼 마음속에 살아 있다. 성장하면서 아버지에게서 받은 정신적인 삶의 방식이 각인되었다. 그것은 삶을 살아가는 데 큰 버팀목이 된다. 아버지의 가르침은 정직과 신의를 중요하게 생각하며 내게 든든한 뿌리를 내려주었다. 어떤 세파에도 흔들림 없이 대위의 딸로 살아가는 자긍심을 심어 주었다.

아버지는 병사들의 사기를 높이는 것처럼 자식들에게도 칭찬과 격려를 아끼지 않았다. 자녀들에게 자신감을 북돋워 주었다. 아버지의 유훈대로 잘 살아가리라는 다짐은 아버지와의 약속이다. 아버지 별은 어둠 속을 거닐 때도 항상 어디선가 나타나 우리를 이끌어 가고 있었다.

아버지가 평안하게 쉬시기를 소망해 본다. 한라산의 신묘한 기운이 묘역에 안주한 영령들을 지켜 주리라 느껴진다. 따사로운 햇볕과 삼나무 숲을 스치는 바람과 산새 소리, 촉촉이 대지를 적시는 빗줄기도 영령들과 함께할 것이다. 아버지와 그 주변의 영령들은 밤하늘에 쏟아지는 별 숲에서 못다 이룬 꿈을 꾸며 누군가의 마음의 별이 되어 세상을 밝힐 것이다.

행복 공작소

된장찌개가 뚝배기에서 보글보글 끓는다. 구수한 냄새와 끓는 소리가 식욕을 돋운다. 주방은 푸근한 냄새와 소리의 온도로 따스함이 깃든 곳이다. 사람 사는 맛이 나는 공간이다.

주방은 오롯이 나만의 시간을 엮어내는 곳이다. 엄마와 아내, 며느리와 딸이라는 무겁고도 자랑스러운 계급장을 달고 살아간다. 호칭에 따라 그 역할은 확연히 다르다. 살아오면서 터득한 삶의 지혜이다. 자식에게 무수무량無數無量한 마음을 품는 엄마로 남는 게 으뜸이라 여겨진다.

서재가 있지만 편안함과 익숙함이 좋아 주방에 머무르는 시간이 많다. 서재·차실·음악 감상실·글방이 되기도 한다. 세월의 길이만큼 나와 교감한 가구와 도구들이 정겹다. 주방에는 온기가 서려 있다. 가족을 위해 진득한 정성이 들어간 밥상을 마련하는 공간이다. 식구들과 식탁에서 밥을 먹으며 나누었던 이야기가 곰삭는다. 주방 구석구석 가족의 삶의 결이 배어 있다. 내가 주방에 머물고 싶은 이유이기도 하다.

　주방에서 가족의 끼니를 마련한다. 어머니는 항상 주방에서 동동거렸다. 어머니의 또 어머니로부터 면면히 이어온 삶의 근원인 곳이다. 주방과 부엌은 여인들의 삶의 공간이다. 그곳에서 삶의 모든 기쁨과 슬픔이 생성된다. 기억 속에 스며 있는 부엌의 풍경이 아련히 떠오른다.

　내게는 할머니 같은 백모님이 계셨다. 그분의 체취가 눅진하게 배어 있는 시골의 부엌이 생각난다. 어머니의 따스함이 채색된 우리 집의 부엌 풍경도 떠오른다. 그때 기억을 떠올리면 훈훈한 공기의 온도만큼 내 마음도 그리움에 붉어진다. 부엌은 모성의 근원지이다.

　어린 시절, 할머니가 안 계신 시골집에는 보살다운 성품을 지닌 백모님의 손길이 가득했다. 가마솥에 밥을 하고 뜸 들일 때 달걀에 참기름을 넣어 찜을 만들어 주셨다. 마지막 열기를 토해내는 잉걸불에 손수 장만해 두었던 생선을 구워 주었다. 꿀맛같이 맛있게 먹었던 기억이 또렷하다. 잉걸불이 사위어 가는 게 아쉬워 고구마나 감자를 넣고 까맣게 구워 먹었던 추억이 아슴푸레 떠오른다.

　그 시절, 눈물이 날 정도로 매캐한 연기 냄새가 그리워진다. 백모님의 소박하고 훈훈한 마음이 채색된 공기였다. 이제는 사라진 그 시간의 따스한 공기를 들이마시고 마음의 온도를 다시 품고 싶다.

먹성이 까다롭고 음식 타박이 심했던 아버지는 어머니의 부엌일을 분주하게 했다. 맏딸인 나는 어머니를 돕는 일을 도맡았다. 아버지는 약주를 즐겼다. 거나하게 취해서 밤늦게 오시곤 했다. 술자리가 없는 날은 퇴근 후 반주로도 마셨다. 이른 아침부터 술국 끓이는 일이 다반사이다. 어머니는 통북어를 다듬잇방망이로 흠씬 두들겨 살을 가늘게 찢어내어 북엇국을 끓였다. 진한 북엇국물이 우러나오는 시간보다 더 정성을 들였다. 날달걀에 손수 짜온 참기름을 넣어 아버지께 드리기도 했다.

어머니는 아버지를 위해 오메기떡에 누룩을 넣어 발효시켜 술을 빚었다. 술 담그는 날, 어머니는 차조 가루로 가운데 구멍이 뚫린 오메기떡을 만든다. 우리 형제들은 오메기떡에 설탕을 묻혀 먹는 재미가 쏠쏠했다. 술이 익어가는 시간의 길이만큼 어머니의 남편에 대한 정도 깊어졌으리라. 술이 담겨 있는 항아리 윗부분의 맑은 술만 국자로 작은 대접에 담았다. 조신하게 움직여야 하는 일이라 자부심이 컸다. 작은 대접 안에 어머니의 정성과 사랑이 한가득 고여 있었다.

아버지는 아침마다 배달된 유리병의 양유를 마셨다. 가장의 건강을 염려하는 어머니의 마음을 헤아리게 되었다. 어린 마음에도 어머니처럼 남편을 아끼는 아내가 되면 좋겠다고 생각했다. 어머니는 끼니마다 거의 다른 국이나 찌개를 끓여 아버지에게 드렸다. 부엌에 작은 냄비가 여러 개 있는 이유를 어른이 거의 다 되어서야 알게 되었다. 매끼 식사를 준비하면서 가족들에 대한 어머니의 사랑과 정성은 움텄을 것이다. 사랑의 불씨를 간직했던 모정은 부엌에서 연기처럼 피어올랐다.

"한국인은 밥심으로 살아간다."라고 한다. 밥이 품은 의미는 무한하다. 음식은 몸의 활력을 만드는 연료이고 영혼을 키우는 촉매이기도 하다. 잘 먹으면 음식은 약이 된다. 가족의 건강과 안녕을 빌며 마음을 담아 밥을 짓는다. 한 끼의 밥은 식재료를 생산하는 사람들의 노력과 자연이 내어주는 산물로 만들어진다. 밥은 곧 생명 부지의 원천이다. 귀찮고 피곤할 때도 많지만 엄마만이 할 수 있는 일이라 다독이며 최면을 걸어본다. 원초적인 모성 본능이다. 주방에 배어 있는 향기로 나만이 만들 수 있는 흔적을 남긴다.

유대의 속담에 "신이 모든 곳에 있을 수 없어서 모두에게 어머니를 만들어 주었다."라고 한다. 세상에서 엄마라는 가장 아름다운 호칭을 오래도록 듣고 싶다. 따뜻한 밥을 지을 수 있는 건강한 몸과 마음이 있음에 늘 감사한다.

주방은 나의 천국이다. 세상살이는 정확한 공식도 없고 미리 예견되는 것이 아니지만, 주방에서는 내가 주인공이고 지휘자이다. 음식을 만들 때는 자신감이 솟구친다. 자신이 지닌 색깔은 그것이 어떤 것이라도 그만큼 소중하고 가치 있는 일이라 믿는다. 자신을 사랑할 수 있는 사람만이 상대방도 사랑으로 품어 줄 수 있을 터이다. 음식을 만드는 과정에서 재료와 맛의 비율을 조정하듯이 생의 길에서 사람과 일의 관계에서도 잘 어우러지기를 바란다.

두 딸이 다양한 음식을 접하며 엄마의 마음을 느끼고 그 맛을 오래도록 기억해 주기를 바란다. 내 딸이 또 그의 딸에게까지…. 식탁에서 얼굴을 맞대고 밥을 먹는 날이 많아질수록 사랑도 깊어진다. 서로 존재의 이유를 확인하는 때이다. 정성껏 만든 음식을 맛보면서 엄지척하며 최고라고 치켜세울 때는 영혼 없는 몸짓일지라도 가슴 뭉클한 감동을 받는다.

사랑이 담긴 음식을 만드는 주방은 나의 행복 공작소이다. 이 순간은 나만이 느낄 수 있는 행복지수 상한가의 시간이다.

작은 기도

언제 어디에서나 그곳을 떠남은 늘 아쉽다. 특히 가족을 만난 후의 이별의 색깔은 더 진하다. 하루가 다르게 커가는 큰딸네 손자 녀석의 재롱을 뒤로하고 김포 공항으로 향한다. 손자를 보고 있노라면 모든 시름을 잊고 그저 바라만 봐도 좋다. 입이 귀에 걸린다. 손자는 행복 공작소이다. 자매가 같이 살고 있어서 늘 미덥기는 하나 어미가 챙기는 만큼이야 하랴. 가슴 한편이 뻐근하며 마음이 무겁다.

큰딸은 직장에 다녀서 작은딸에게 이것저것을 살뜰히 챙길 수 없는 형편이다. 모든 면에 신경을 써 주지 못해 안타까워하는 어미의 심정을 작은딸은 알고 있는지. 한 달에 두어 번 김치, 밑반찬, 돈가스, 불고기 등을 완제품으로 만들어서 택배로 보내는 일을 위안으로 삼는다. 아침에 제주에서 보낸 음식을 집배원 아저씨의 수고로움으로 그날 저녁에 서울에서 받는 '당일 택배 우편물 취급 서비스'는 최고이다. 택배는 바다 멀리 남쪽 끝에서 보내는 엄마의 정성을 실어 나른다.

 중등교사 임용시험을 치른 작은딸이 무탈하게 결실이 맺혀지기를 바란다. 과분한 욕심이지만 그랬으면 좋겠다. 사범대학이 아니라 전공학과 외에 교직과목을 선택했다. 교생 실습을 마치고 부족한 교육학 취득 학점을 받기 위해 칠월 중순까지 강의를 들었다. 시험 준비에만 전념할 수 있는 기간이 턱없이 부족한 게 사실이다. 사 개월여 동안 사력을 다해 열심히 달려온 딸이 안쓰럽다.

 처음 치르는 이번 시험엔 마음을 비워서 부담 없이 보라고 다독였다. 서너 번 이상 시험을 치르는 수험생이 대다수라는 딸의 말은 가슴을 시리게 한다. 그 말은 내 바람도 무참히 짓밟는다. 부모는 어떤 상황에서도 자식을 위해 기다리는 마음을 지녀야 하리라. 자식이 언제라도 달려오면 품어 안고 버텨줄 든든한 둥우리가 되어 주어야 한다. 세상에서 가장 강하고 따뜻한 게 부모의 마음이 아닌가.

 세월을 달려오면서 겪어온 인생사의 고비마다 친정어머니의 염려와 정성이 있었다. 큰 시험을 앞두고 미리 조심하고 늘 낮추는 자세를 취하는 것이다. 어머니는 손주들이 큰 시험을 볼 때마다 예지몽을 꾸어 합격 여부를 미리 예견하는 신통력이 있다. 손주들은 자신들이 치르는 시험에 할머니가 악몽을 꾸는 걸 염려해서 아무런 꿈도 꾸지 말라고 말하곤 했다. 형제들은 어머니가 꾼 좋은 꿈 이야기를 하면 그 꿈을 사서 길몽을 지킨다고들 했다. 영혼이 맑은 사람이 꿈을 자주 꾼다고 한다. 지금 생각해도 신기하다.

어머니는 시험 보는 자식의 건강을 돌보고 발표일 전까지는 미역국을 끓이지 않았다. 중요한 시험일 아침 일찍 밥, 국, 나물, 생선구이, 두부전을 준비해서 제를 지낸 후 수험생이 음복하여 좋은 기운을 몸에 지니게 했다. 속옷도 붉은색 계열의 것을 입히라고 했다. 현관문을 나설 때도 수험생이 맨 먼저 나가도록 정성을 다했다. 그때는 무속적인 생각이 들고 짜증도 나곤 했다.

내가 친정어머니가 된 지금, 어머니가 그랬던 것처럼 딸들에게 말할 것 같다. 물론 어머니의 깊고 가없는 마음을 헤아릴 수 없다. 온전하진 않지만 어설프게 어머니의 흉내라도 내고 싶다. 딸들도 아직 내 마음을 알 수 없겠지만…. 부모에게 자식은 죽을 때까지 내려놓을 수 없는 존재인 듯싶다. 환갑을 맞은 딸의 일상을 늘 걱정하는 어머니가 계셔서 참 좋다. 건강하게 오래도록 함께할 수 있기를 바란다.

일부러 시험일 며칠 전에 서울에 왔다. 싱싱한 바다를 품은 건강한 먹을거리를 제주에서 공수해 왔다. 엄마 마음을 가득 담은 집밥을 기운 불끈 나게 챙겨 주었다. 감자를 밑바닥에 깔고 칼칼한 맛이 일품인 은갈치 조림을 유난히 좋아하는 작은딸이다. 딸의 막내다운 어리광을 받아주는 일도 내 몫이다. 큰딸과는 달리 자신이 직면한 상황에 알맞게 대처하는 능력이 아직은 부족하다. 마음도 약해 보여서 늘 아쉽다, 아직은 철들지 않은 것 같은 내 편견이 지

작은 기도 169

배적인 탓인지 모른다. 해가 갈수록 더욱 단단하게 커 가리라 믿는다. 세월의 힘을 믿고 싶다.

고사장 정문 앞까지 딸과 동행했다. 다행히도 날씨가 따뜻하다. 딸이 긴장과 떨림이 좀 누그러질 것 같아서 마음이 놓인다. 색도 빛도 힘없는 태양을 보며 딸이 실수 없이 시험을 잘 치를 수 있게 해 달라고 간절히 기도한다. 오랜만에 손잡고 걸어본다. 딸의 손의 온기가 어릴 적에 느꼈던 것과는 사뭇 다르다. 딸이 커가면서 내게 준 가슴 벅찼던 순간들이 기억 속에 몽글몽글 피어오른다. 이만큼 반듯하게 자란 것도 대견스럽다. 나와 인연 맺은 모든 이와 모든 것들에 감사하다.

수험생들을 응원하러 나온 사람들이 그들에게 선물 꾸러미를 하나씩 나눠준다. 그 속엔 생수병, 초콜릿, 사탕, 물휴지가 들어 있다. 임용고시 학원이 수험생들에게 베푸는 이벤트이다. 그동안 애쓴 수험생들을 격려하고 치열한 경쟁률에서 낙오되어 다음 시험을 준비할 수강생들을 위한 비중 있는 행사인 셈이다.

높은 경쟁률만큼이나 많은 수험생이 고사장을 향한다. 고용 절벽이라 할 만큼 불확실성의 시대가 빚어내는 진풍경이다. 이미 알고 있는 청년 실업의 심각함을 눈으로 확인하는 현장이다. 피 끓는 청춘들의 미래가 염려된다. 그들이 푸른 꿈을 마음껏 펼칠 수 있기를 소망한다. 짊어진 어깨의 짐이 얼마나 버겁고 힘들겠는가. 부모 세대들이 사는 것만큼 그들이 잘살 수 있을지 괜스레 걱정된다.

학교명이 선명하고 당당하게 새겨진 정문을 보며 내 딸도 이런 곳에서 아이들을 가르칠 수 있다면 얼마나 좋을까 하는 상념에 잠긴다. 부모의 욕심이지만 딸의 꿈이 꼭 이뤄지길 바란다. 수험생 부모들이 초조한 마음으로 서 있다. 모두 자식을 위한 염원의 눈빛이 역력하다. 한결같은 부모의 마음이다. 무거운 침묵만이 흐른다.

이런 일들이 내 남은 생에서 몇 번이나 더 있을까. 오래도록 두 딸과 이렇게 함께하고 싶다.

떡집 할머니의 실수

 가을이 끝날 것 같지 않은 여름을 밀고 들어앉았다. 길옆에 늘어선 건물들은 기죽은 가을볕에 나앉아 졸고 있다. 희망과 기대로 맞이했던 한 해를 거침없이 달려와 추수를 기다리는 가을 들녘에 서 있다. 인생길의 황혼에 서 있는 내 나이와 닮아 보이는 계절이다.
 세월이 빠르다. 한껏 높아진 하늘을 보며 서러운 생각이 든다. 언제부터인가 계절의 변화에 예민해진다. 몸과 마음이 예전 같지 않아서이다. 생각도 둔해지고 매사에 열정도 식어가는 것 같아 당혹스러울 때가 있다.
 얼마 전 일이다. 문예회관에 전시된 그림을 관람하고 찐빵 가게에 들렀다. 코끝에 감도는 쑥 향이 입맛을 돋우었다. 촉촉하게 윤이 나는 쑥찐빵이 나를 반긴다. 쑥 향을 맡으며 쑥의 계절, 다시 올 봄을 기대와 설렘으로 기다리게 한다. 할아버지가 만든 찐빵을 칠십 대 후반으로 보이는 할머니가 팔고 있다. 잔잔한 미소가 고운 분이다. 달보드레한 팥소가 듬뿍 들어 있는 쑥찐빵이 한 개에 칠백

원이다. 쑥찐빵 열 개를 사서 신용카드로 계산했다. 영수증을 받고 가게 문을 나섰다.

집에 와서 보니 아뿔싸! 칠천 원이 아닌 칠백 원이 결제된 것이다. 귀찮았지만 할머니 얼굴이 떠올라 지갑에서 영수증을 찾았다. 칠백 원만 계산되었다고 찐빵 가게에 전화를 걸었다. 차액을 송금한 후 할머니께 다시 전화를 걸었더니 다음에 가게에 들르면 찐빵을 덤으로 주신다고 말했다. 당연한 일에 칭찬을 받아 기분이 뿌듯했다.

찐빵값을 현금으로 계산했다면 이런 일은 없었을 텐데…. 신용카드를 사용하면 현금 없이도 다닐 수 있어서 편리하다. 하지만 신용카드 단말기를 다루는 사람의 실수가 있을 수 있다. 편리한 것 뒤에 숨어 있는 불편한 진실이다. 문명의 편리함 속에는 그것으로 파생되는 불편하거나 손해를 보는 일이 더러 있다. 빛과 어둠이 공존하듯 모든 일에는 편리함만 추구할 일은 아닌 듯싶다. 다른 사람에게도 찐빵값을 잘못 계산했으면 어쩌나 하는 걱정이 앞선다. 그렇게 되면 할머니의 찐빵 가게는 노력한 대가도 없이 손해만 날 것 같아 가슴이 답답하다.

할머니의 실수가 남의 일만은 아니다. 내 모습을 보는 듯 마음이 짠하다. 실수는 누구나 한다. 나이가 드는 것은 슬픈 일이다. 세월을 거스를 수는 없다. 수 개념이 약해지거나 셈이 느려지는 것은 노력에 따라 달라질 수 있을까. 매사에 찬찬히 생각하며 살아가리라 다짐해 본다.

요즈음 부쩍 손가락의 터치가 예전보다 둔해지는 걸 느낀다. 손떨림 증상이 있는 사람처럼 문자나 카톡을 보낼 때 자판을 잘못 누를 때가 있다. 오타가 생기거나 미완의 내용을 보내서 민망한 경우도 종종 있다. 상대방이 내 의도를 오해하거나 언짢아할 일이 생길까 봐 걱정된다. 노화의 자연스러운 현상으로 받아들이기에는 마음이 헛헛하다. 되돌릴 수 없는 세월이 야속하기만 하다.

며칠 전, 여고 동창회 총무에게 송금할 일이 있었다. 오만 원을 보낸다는 게 오십만 원을 송금했다. 숫자 '0' 하나를 더 찍어 보낸 것이다. 바로 돌려받을 수 있어 가슴을 쓸어내렸다. 젊었을 때, 어르신들이 저지르는 실수에 나는 그렇게 하지 않을 거라는 결기를 보였다. 나에게는 결코 그런 일이 일어날 수 없다고 확신하기도 했다. 그런 어처구니없는 실수를 저지르고 나니 정신이 바짝 들었다. 모든 일이 나에게만 예외일 순 없다. 잘살고 있다는 자긍심이 한순간에 무너져 내린다. 그때를 떠올리면 당혹감을 감출 수 없다.

요즈음엔 송금할 때 숫자를 여러 번 확인한다. 일을 처리할 때도 천천히 여유를 가지며 한다. 일할 때 서두르다 보면 실수가 잦아진다. 무엇이든 순리대로 생각하며 살아가는 일이 중요하다. 이런저런 실수를 줄이기 위해 다소 불편하고 시간이 걸리지만 은행에서 처리한다는 지인의 말이 허투루 들리지 않는다.

공공기관이나 카페, 백화점, 전시장에 터치스크린 방식의 키오스크(kiosk) 설치가 많아지고 있다. 처음에는 키오스크 이용이 서툴러서 직원이나 다른 사람의 도움을 받았다. 부끄럽기도 하고 고마움을 느꼈다. 더불어 살아가는 세상이 좋다. 지금은 불편함 없이 잘 이용한다. 직원과의 교감이 없어서 푸근함을 느끼지 못하는 아쉬움이 있다. 사람과의 마음을 나누는 것은 얼마나 따뜻한 일인가. 과학 문명이 발달할수록 사람과의 관계 맺는 일을 어렵게 하는 것 같아 씁쓸하다. 진정한 사람의 향기가 그리워지는 시절이다.

세상은 빠르게 변화한다. 목적지를 향해 질주하는 급행열차의 속도로 달린다. 변화의 속도에 몸과 마음이 적응하기 쉽지 않다. 시대의 흐름을 거슬러서 생활할 수 없는 현실이 안타깝다. 과학 문명이 발달된 사회의 흐름에 부응할 수 없는 연령층은 소외된 느낌마저 든다. 낯선 기기를 이용하거나 새로운 제도에 대한 두려움이 앞서기 때문이다. 하지만 오래 묵은 고정관념과 편견을 깨고 새로운 것을 수용하는 마음이 필요할 때이다.

새로운 것을 받아들이려는 지적 호기심을 잃지 말아야 한다. 호기심은 지적 인지기능이 강화되어서 치매 예방에도 도움이 된다. 변화의 바람에 순응하기 위해 서서히 몸을 실어야 할 것 같다. 건강한 몸으로부터 건강한 마음이 표출된다.

집 근처 숲길을 산책하며 항상 '지금 어디쯤 가고 있을까'라는 생각의 징검다리를 건넌다. 생각의 깊이는 몸과 마음의 변화를 이끈다. 음악가의 예술적 감성을 오선지에 표출한 음악의 선율을 더 듣고, 인쇄 문자의 글밥에 몰두하고 그 행간에 녹아든 저자의 고뇌도 곱씹어볼 일이다. 영혼의 양식을 채워주는 일이다. 이런 노력을 한다면 더디겠지만 변화의 바람에 몸을 맡길 수 있을 터이다.

아름다운 노년은 그냥 맞이할 수 없으리라. 항상 깨어있는 마음으로 새로운 문화에서 파생되는 모든 분야를 섭렵하고 이해하려고 애써야 할 성싶다. 마음속으로 나직이 외쳐본다. 나이는 숫자에 불과하다고 말이다.

5부

꿈꾸는 톨레도

모네의 정원

 푸른 유월은 언제나 좋다. 우람한 거목들로 숲 터널을 이루고 있는 공원은 순수 초록 바다로 그 위엄을 유감없이 과시한다. 유서 깊은 도쿄 최대의 공원다웠다. 유장한 세월을 품은 고목들이 단연코 압권이다. 신묘한 기운을 내뿜는 오래된 나무 앞에선 습관처럼 숙연해진다. 진녹색의 나무처럼 푸릇한 꿈을 지닐 수 있으니 말이다.
 동물원·박물관·과학관·도서관·미술관과 같은 많은 문화 시설이 밀집된 드넓은 공원은 지역의 자존감을 여실히 드러낸다. 문화 시설을 품은 공원은 도심 속의 휴식과 치유의 장소로 손색이 없어 보인다. 반려견과 산책하는 시민, 벤치에 앉아서 독서하는 시민, 수학여행 온 학생들, 연습 중인 자선 음악 밴드의 불협화음 소리로 삶의 결을 느낀다. 생동감 있게 살아가는 모습을 엿본다.
 공원 옆의 우에노역은 공항과 시내와 외곽까지 연결되는 세 개의 전철 노선을 말없이 안고 있다. 공원에 자리 잡은 문화 시설의 이용자들과 여행자들을 위한 교통 편의도 배려한 듯하다. 우에노 역에는 오늘을 잘 살아내기 위해 비장한 각오를 품은 얼굴들이 새벽을 달리고 있다. 잰걸음으로 오가는 사람들, 분주한 하루가 흘러간다. 저마다의 걸음에서 치열한 삶의 무게가 느껴진다. 일본인의 부지런한 근성을 엿볼 수 있다.

우에노공원 내에 자리한 국립서양미술관에서 '클로드 모네 Claude Monet'를 만난 것은 행운이다. 제2차 세계 대전 후 마쓰카타 고지로(가와사키 조선소의 사장)가 유럽에서 수집한 서양 미술 작품을 압류한 프랑스 정부로부터, 그것을 기증 및 반환을 받기 위해 설립된 미술관이다. 전시된 회화 작품들은 중·고등학교 때 미술 교과서에서 마주했던 것들이 많아 낯설지 않았다. 불멸의 명작들이다. 모네·르누아르·쿠르베·드가·세잔·마네·고갱의 작품들이다.

새삼 여고 시절에 K 미술 선생님이 떠오른다. 서양 미술 사조를 열정적으로 가르치셨던 그는 화가들의 성격이나 그들의 사생활까지 들춰내며 흥미롭게 수업을 진행했다. 화가들의 러브 스토리를 들을 때는 예술가처럼 불꽃 같은 사랑을 하리라는 마음도 다졌다. 감수성이 예민했던 시절이라 가슴을 적시는 사랑 이야기의 설렘에 미술 시간이 기다려지기도 했다. 인상주의를 지향하는 화가들의 그림을 한자리에서 감상할 수 있어서 쾌재를 부른다. 화풍은 같아도 화폭에 표현된 작품은 백인 백색이다. 그야말로 숨이 멎을 듯한 위대한 걸작들이다.

모네의 〈수련〉 작품에 눈길이 머문다. 지베르니, 파리의 북서쪽 센 강변 부근 모네의 정원이 있는 마을이다. 모네는 손수 정원사가 되어 그곳에 자신이 꿈꾸던 정원을 가꾸었다. 연못에 수련을 심어 자신의 눈에 투영된 수련의 아름다움을 화폭에 담았다. 그림 속에 얼굴을 내민 꽃들은 나름 선명한 형상과 색채로 생동감이 있다. 생명의 근원인 물 위에 떠 있는 꽃 무리는 생화生花처럼 느껴진다. 인상주의 그림답게 물속에 투영되어 표현한 각각의 독특한 수련의 모습에 시선이 끌린다. 그가 손수 정성껏 가꿔온 정원의 연못을 그대로 화폭에 옮겨 담은 것 같은 느낌이다. 모네의 〈수련〉을 바라보며 고요 속에 숨어 있는 격정을 느낀다. 거장의 그림 앞에서 그의 예술혼을 떠올리며 색채 마술의 진수를 맛본다.

햇살의 눈부심, 구름의 묵언, 바람의 간지러움, 이슬과 안개의 촉촉함, 빗방울의 속삭임, 모네의 정성이 어우러져 연못의 수련을 꽃 피웠으리라. 그것을 바라보는 화가의 마음 상태에 따라 나날이 시시각각으로 상상을 초월하며 변화하는 연못의 풍광을 그려낸 것이다. 모네는 수련과 물과 인연 맺어 나타난 경이로운 모습을 화폭에 담아냈다. 연못에서 꽃은 피고 지고 다시 피어나며 생이 순환된다. 연못은 꽃들의 일생을 조용히 품은 곳이다. 〈수련〉에 모습을 내민 꽃마다 표현된 화가의 붓 터치엔 수련의 일생이. 그의 인생이 뿜어낸 또 다른 그림같이 느껴진다

물체가 지닌 고유한 색은 없고 색은 빛에 따라서 변화할 뿐이

라고 모네는 말한다. 자신의 연못에 수련의 신비로운 세계가 눈앞에 드러내기 시작한 후로 그는 다른 모델을 거의 그린 적이 없다. 약 삼십 년 동안 수련 연작을 그리며 백내장까지 얻을 정도로 사력을 다했다. 명작을 탄생시킨 화가의 고뇌를 되씹어 본다. 사물이 본래 지니고 있는 물성物性이 사라지고 자신의 주관적 시각과 예술적 감각이 조화를 이뤄 자신만의 독창적인 작품을 탄생시켰다.

숲속의 정원이나 뜰의 꽃이 아닌, 물과 인연 맺어 모네를 만났기에 이백오십여 점의 수련 연작이 탄생할 수 있었을 터이다. 모네의 정원 속 연못에서만 얻을 수 있는 그림이다. 남다른 예술적 감성과 사랑으로 연못 속의 수련을 치열하게 화폭에 그려낸 모네였기에 남길 수 있는 값진 선물이며 축복이다.

세상의 만물이 인연 아닌 것이 어디 있으랴. 하찮은 것들이어도 내 삶에 위로가 아닌 것이 없다. 모네의 작품도 나와 인연으로 이곳에서 마주할 수 있는 것이리라. 억겁의 세월 전에 인연의 작은 고리가 맺어진 것인지도 모른다. 세월이 갈수록 인연의 소중함을 깨닫게 된다. 이미 맺어진 인연은 좋은 관계로 이어 나가고, 앞으로 마주할 새로운 인연도 잘 이어 나가리라 다짐해 본다. 자신과 관계된 모든 인연에 정성을 다해 귀하게 여기고 싶다.

모네의 습작품들도 많이 전시되었다. 뼈를 깎는 화가의 노력과 의지를 보여주기 위함이란다. 무엇이든 노력 없이 거저 얻어지는 것은 없다. 위대한 예술품 속엔 우리가 감내할 수 없는 예술가의 고통과 번민이 배어 있다. 작품마다 생 너머의 또 다른 예술혼을 불태웠으리라. 잔잔한 울림이 오래도록 가슴에 머문다.

　마지막 전시를 장식한 〈수련, 버드나무의 반영 (1916년)〉 작품은 한쪽 벽면을 채울 수 있을 만큼 큰 그림이다. 인상파의 거장다운 그림이다. 그림의 윗부분은 훼손된 상태로 액자 속의 여백으로 남겨둔 채 전시되었다. 괜스레 마음 한구석이 찡하다. 이는 원화原畵의 충실한 전시를 위함이고 관람객들을 위한 성의 있는 배려이다.

　미술관을 나서면서 모네의 정원에서 본 갖가지 형상을 이룬 수련의 꽃 무리를 새로운 인연으로 내 마음의 정원에 품어 본다.

꿈꾸는 톨레도

　하늘이 높고 넓다. 기이한 형상의 구름이 커다란 왕국을 이룬다. 선계仙界가 저곳이리라. 하얀 솜털을 사선으로 길게 늘어뜨려 층계를 이룬 것은 천국으로 가는 계단을 보는 듯싶다. 자연이 주는 아름다운 예술품이며 축복이다. 켜켜이 쌓아온 온갖 시름을 남몰래 구름 속으로 날려 보낸다.

　오랫동안 꿈꾸던 여행은 여정 내내 묵직한 가슴의 울림으로 다가온다. 바르셀로나의 산츠Sants역에서 아베초고속열차를 타고 마드리드로 이동 후 다시 톨레도로 향한다. 눈앞에 펼쳐지는 광활한 그들의 땅은 시야의 끝을 찾는 일이 쉽지 않다. 상상을 초월하는 드넓은 땅을 소유한 그들이 부러웠다. 한반도 허리 반쪽의 국토가 전부인 내게는 놀랍고 경이로운 풍경이다.

　스페인 사람들은 생면부지인 우리의 힘겨운 표정만 보고 무거운 여행 가방을 서슴없이 짐칸에 올려주었다. 인심 좋은 할머니들은 보디랭귀지로 힘겹게 길을 안내해 준다. 그들이 베푼 친절과 배려에 폐부 깊숙이 고마움을 담는다. 다시 오고 싶은 곳으로 충분한 이유가 된다. 사람들의 작은 행동이 과거의 영광을 꿈꾸는 스페인의 미래를 엿보기에 충분하다.

　톨레도는 중세 시대부터 영욕의 세월이 남긴 흔적들을 품고 있는 도시이다. 기독교와 유대교, 이슬람교 유적이 공존하는 곳이다. 서로 다른 문화가 조화를 이룬다. 타호강을 따라 U자형 협곡에 삼면이 튼실한 성벽으로 둘러싸여 있다. 하늘이 내려준 요새와 같은 지형이다. 영원의 바다로 흐르는 강물은 예사롭지 않다. 계곡이 험준한 만큼 저 밑으로 보이는 강물은 모든 것을 끌어안은 듯 침묵한다. 강바닥에는 이곳의 이천여 년 동안의 파란만장한 역사가 둔중하게 퇴적되어 있다. 유장한 세월 동안 이 도시를 지켜내고 빼앗으려는 참혹한 전쟁터에서 희생된 사람들의 원혼冤魂을 온전히 품고 있을 것이다.

　미로처럼 형성된 좁고 긴 골목길을 마음이 움직이는 대로 걷는다. 새로운 경험으로 그 시간의 깊이를 느끼고 역사를 만난다. 유적지를 고증하고 복원한 흔적들이 많이 보인다. 조상이 남긴 문화유적을 보존 계승하고 후대에 보전하려는 그들의 의지에 숙연해진다. 그것은 과거의 역사에서 미래의 가치를 이끌어내려는 숭고한 인식에서 비롯된 것이다.

　유구한 세월을 안고 미로처럼 형성된 골목길 바닥의 돌 하나 벽돌 한 장은 깊은 사연을 품은 듯하다. 퇴색된 돌의 표면에는 숱한 인간사의 궤적이 결을 이룬다. 그 속에는 옛사람들의 면면히 이어져 내려온 삶의 의지가 스며있다. 내가 살아온 삶의 결은 어떤 모습일까. 생의 한가운데서 살아내야 할 날들을 떠올려 본다. 여러 갈래 골목이 만나는 광장의 노천카페에서 자줏빛 와인에 갖가지 과일이 어우러진 상그리아sangria를 마시며 더위를 식힌다. 이들은 상그리아의 맛과 색깔만큼 열정적으로 삶을 살아간다. 가벼운 취기에 이곳이 더 아름답게 느껴진다.

골목에는 그 당시 축소된 무기 모조품을 판매하는 기념품점이 즐비하다. 전쟁이 끊이질 않았던 곳임을 알 수 있다. 투구를 쓰고 칼과 방패를 들고 서 있는 늠름한 철제 인형이 미래의 비상을 꿈꾸는 듯싶다. 체구가 날렵해서 기동력이 있어 보인다. 투구 속에 감춰진 그 시대를 살았던 얼굴을 상상해 본다. 그들은 왕국을 지키려는 불굴의 의지를 지닌 용맹스러운 전사가 아닌가. 부모의 소중한 아들이고 아이들의 하늘 같은 아버지이며 무사 귀환을 기도하는 아내의 남편이었을 것이다. 그들의 희생으로 지켜낸 도시라는 생각에 가슴이 먹먹하다.

하늘을 향해 드높이 뻗은 톨레도 대성당의 첨탑은 이곳을 지키는 수호신처럼 우러러보게 된다. 신과 더 가까이하려는 인간 의지의 표현인 듯싶다. 신 중심의 시대적 상황에서 인간이 나약한 존재였음을 방증한다. 신을 향해 구원의 기도를 올렸을 톨레도인을 생각해 본다. 끊임없는 전쟁 속에서 평안한 삶과 영혼의 안식을 위한 기도였으리라 여겨진다.

　현대 과학의 도움을 받을 수 없었던 시대에 축조된 톨레도 대성당을 대하니 가슴이 아프다. 대성당 축조에 온몸을 불사르며 생을 마감한 수많은 장인의 넋이 부유하듯 음울한 분위기를 자아낸다. 이백오십여 년 이상의 장구한 세월 동안 얼마나 많은 장인의 피와 땀이 이것에 응축되었을까. 첨탑의 높이보다 더 깊게 녹아들었다고 생각하니 가슴이 시리다. 대성당의 완공이 가까울수록 톨레도인의 삶은 피폐해지고 핍박받는 날들을 보냈을 것이다. 피지배층과 피정복민의 한량없는 노동력의 집합체로 탄생된 건축물이다. 모든 위대한 건축물은 그 시대를 살았던 장인들의 뼈를 깎는 고통과 눈물과 희생의 산물일 터이다.

　대성당에 들어서며 마음을 가다듬는다. 전율을 느낀다. 인간사에서 겪어야 할 빛과 어둠, 고통과 쾌락, 사랑과 미움, 행복과 불행, 선과 악에 대한 혼재된 생각에 심란하다. 저마다의 다른 삶의 색깔이 만들어낸 명징한 모습이다. 한 생을 살아내면서 순환의 고리처럼 거부할 수 없이 받아들이고 극복해야 할 삶의 무늬이기도 하다. 어둡고 힘든 이들에게 좀 더 밝고 용기 있는 삶을 인도해 주는 곳, 모든 이들이 마음의 선과 희망을 담아낼 수 있는 곳, 삶의 위안을 받을 수 있는 곳이기를 소망한다. 살아오면서 지어온 숱한 죄를 사하여주시기를 간절히 기도하며 남은 생은 선한 의지로 잘 살아 보리라 다짐해 본다.

대성당 내부는 눈을 의심할 만큼 진귀하고 보배로운 것들로 가득 찼다. 그들이 정복한 신대륙에서 가져온 금과 은은 그 시대의 스페인의 국력을 암묵적으로 과시한다. 누런 황금으로 형성된 '중앙제단'과 '성체현시대(Custodia 예수의 성체를 보관하는 것)' 조형물은 식민지에서 약탈해 온 순금으로 만들어진 것이다. 눈이 부시게 빛나는 황금에는 무참히 짓밟혔던 원주민들의 피와 눈물이 녹아내린 것 같아 잠시나마 그들을 위한 기도를 했다. 새로운 세계로의 정복으로 발현된 인간의 끝없는 욕망을 떠올리며 괜스레 서글퍼진다.

대리석으로 축조되어 잘 보존된 대성당은 천혜의 선물이며 찬란한 유산이다. 인간이 지닌 무한한 창의성과 도전 정신이 엿보인다. 하늘 아래 사람보다 소중하고 귀한 존재는 없다. 인간 능력의 한계가 어디까지인지 가늠하기조차 어렵다. 말과 글로 형언할 수 없는 경외감에 소름이 돋는다. 옛사람의 건축 기술이 가슴속에 깊은 여운을 남긴다.

도시 중심인 소코도베르광장에 낯익은 세계적인 프랜차이즈 S 카페와 M 햄버거가 있어서 놀라웠다. 수익이 창출된다면 어디든지 둥지를 트는 그들의 유통 전략에 아연실색했다. 여행 중 쌓인 후텁지근한 더위를 아이스커피로 날려 보낸다. 현대적인 가게가 이곳에 걸맞지 않은 곳이고, 머지않아 톨레도만의 독특함이 스러질 것 같은 섣부른 두려움이 앞선다. 도시 전체가 유네스코 세계

문화유산으로 지정된 이곳의 빛깔과 중후한 멋이 오래 유지되기를 바란다.

  태어난 나라 더욱이 고향에서 사는 것은 편안하고 행복한 일이다. 스페인 여행 중 제주의 숨은 매력을 다시 느꼈다. 절기마다 독특한 아름다움을 품는 곳, 섬을 떠나야 비로소 그곳이 내뿜는 자연의 존귀함을 알게 되었다. 고향을 더 사랑하게 될 것 같다.

  40년 지기 Y와 S가 함께한 환갑 여행은 인연의 소중함을 일깨워준다. 벗들과의 우정을 나누고 기억을 공유하며 살고 싶다. 여행은 내 안에 숨겨져 있는 또 다른 나를 찾게 해 주고 빛을 잃어가는 내 영혼에 큰 울림을 주었다. 여행으로 영혼의 부자가 된 기분이다. 주어진 삶을 잘 살아가리라 마음을 굳건히 다져본다.

  '올라hola'를 외치며 함박웃음으로 우리를 맞이해 주던 사람들이 떠오른다. 그들은 생각만 해도 유쾌한 사람들이다. 삶의 여유와 인생을 아낌없이 즐기는 게 무엇인지 가르쳐주었다. 마음속에 숨어 있는 작은 행복을 찾게 해 준 사람들이다. 사람의 향기는 바이러스보다 더 멀리 전해지고 가슴속에 오래 남는다.

  세계인이 가장 가고 싶어 하는 아름다운 도시, 톨레도의 내일을 꿈꾸어 본다.

동자석童子石

　오늘도 오름에 오른다. 잔잔히 부는 바람에 톱니 모양의 고사리 잎이 낭창거린다. 습기를 머금은 진초록의 이끼는 연붉은 화산토를 품고 있다. 오름에는 자연을 이루는 영혼들이 함께 어우러져 있다. 바람이 전하는 소리에 귀 기울여 본다. 봉긋한 오름의 풍경에 마음을 내려놓으니 벌써 편안함이 다가온다. 세월의 이야기를 품은 오름 한가운데 서 있다.

　제주의 오름에서는 흔히 네모지게 검정 띠를 두른 산담을 마주하게 된다. 방목해서 키우는 소나 말 같은 가축으로부터 무덤을 보호하기 위해 봉분 주위에 돌을 쌓아 둘렀다. 자손들은 돌을 쌓아 올리며 망자가 평안히 잠들기를 비손했다. 구멍이 숭숭 난 돌담마다 떠난 이를 위한 자손들의 염원이 그득하다.

　산담은 잠든 이가 영원히 안식할 수 있는 영혼의 공간이다. 잠든 이를 위한 울타리고 이승과 저승의 경계를 품고 있는 성역이다. 산담 한쪽에 영혼이 드나들 수 있는 공간인 신문神門을 내었다. 삶과 죽음이 다르지 않고 죽음도 삶의 연장이라는 옛 어른들의 생각을 읽을 수 있다. 산담 안에는 오래된 동자석, 돌사람이 서 있다. 그의 얼굴은 내 곁에 있는 이웃이나 형제들 같은 모습으로 친근감을 준다.

동자석은 망자의 발치 아래 가장 가깝게 서서 말없이 위무해 준다. 산새 소리와 풀벌레 소리, 쏟아지는 햇살과 비바람을 견뎌낸다. 밤에는 별을 품고 단단한 고독을 움켜쥔 정적마저 삼키며 그 자리에 서 있다. 어린 나이지만 자기 영혼을 알기 위해서 고뇌하는지도 모른다. 망자와의 영혼을 교감하는 벗이자 영원한 동반자이다.

자손들은 어린아이 형상으로 동자석을 무덤에 세웠다. 망자의 혼을 받들고 위로와 수발을 대신해 주기를 기원했다. 떠난 이를 위해 남은 이의 간절한 마음의 표출이다. 죽음에 대한 두려움 때문에 영혼 불멸을 생각하면서 동자석을 세운 것은 아닐까. 동자석은 이승과 저승을 이어주는 인연의 끈이다.

사람들은 예로부터 돌을 신성시했다. 신전, 사원, 석상을 만들며 돌에 영혼을 불어넣었다. 돌로 사람의 형상도 만들었다. 돌을 쪼아 온갖 물건을 만들었던 돌챙이[石工]는 마을에 상喪이 나면 동자석을 부탁받았다. 만들고자 하는 형상을 염두에 두어 허공을 가르며 돌망치로 정을 내리쳤다. 돌을 깨고 다듬고 쌓을 때마다 오롯한 마음을 담았다. 거침없이 내리치는 메질에 삶의 무게를 내려놓

앉을까. 헤아릴 수 없이 흘러내린 석공의 눈물과 한숨과 속울음을 품은 돌이기에 언제나 침묵하는가 보다.

 돌은 영원불멸을 상징한다. 어떤 상황에서도 태생을 슬퍼하거나 노여워하지 않고 거부하지 않는다. 높은 곳에 뿌리를 내린 바위산부터 바윗돌, 돌멩이, 자갈돌, 모래알까지 천성대로 세월을 품는다. 스스로 움직이지 않고 스스로 자책하지 않는다. 이기철 시인은 이 세상 모든 것 중에 기다려도 기다려도 지치지 않는 게 돌밖에 없다고 노래했다. 돌의 영원성을 되새겨 본다. 무념 무상한 돌의 숙명을 되씹어 보며 그를 대할 때마다 무욕의 삶을 배우게 된다.

 긴 세월을 품은 동자석은 이목구비가 무뎌졌다. 댕기 머리에 붓과 먹과 벼루를 들고 함빡 웃는 동자를 만났다. 생전에 전하지 못한 망자의 말씀을 놓치지 않고 받아쓰는 총명한 동자라는 생각이 든다. 현무암의 거친 질감에도 선명한 모습으로 표현된 숟가락과 주걱을 든 돌사람 앞에선 애잔함을 느끼게 된다. 저승에서라도 하루하루 배부르게 지내기를 소망하는 자손들의 마음을 품고 있다. 술잔을 올리는 쌍상투 동자의 모습은 정성을 다하는 마음을 일깨워 준다. 이승에서 못 해 드린 효도를 자손 대신 전하는 것처럼 여겨진다. 동자석의 모습은 삶의 아쉬움을 담고 있다. 인간의 아쉬움과 모자람 같은 근원적인 욕구가 돌사람으로 만들어진 것인지도 모를 일이다.

 사람은 자연에서 와서 자연으로 돌아간다. 동자석도 부서지면

산담 돌무더기에 함께 쌓았다. 잘 다듬어 표현하려는 얼굴과 달리 하반신 아래는 거칠게 다듬어 땅속에 박힌 채 그 자리에 뿌리를 내렸다. 동자석은 지키던 무덤을 이장하면 제 역할을 다했기 때문에 자신이 서 있던 땅 아래에 묻혔다. 산담을 떠나 다른 곳으로 움직일 수 없다. 예로부터 분묘 석물을 신성시하고 터부시하는 풍습에서 유래한다. 동자석은 망자와 함께 죽음의 공간에 있어야 할 동반자로 여겼다. 남은 이들이 분출하는 죽음에 대한 두려움과 잘 살고자 하는 강렬한 욕구를 담고 있다.

　인간의 본능은 희망이라 생각하는 바를 향해 전진한다. 전진은 변화를 뜻한다. 변화를 통해 삶의 목표를 올바른 방향으로 바꾸고 미래를 향해 뚜벅뚜벅 걸어갈 수 있다. 동자석도 이처럼 걸어 나갈 수 있다면, 자손들의 부귀와 무사 안녕을 염원하는 망자의 마음을, 조상을 향한 자손들의 곡진한 마음을 들려줄 수 있을 터이다. 한참 뛰어다닐 동자가 온종일 망자와 함께 숙연한 자태로 서 있는 기구한 운명에 가슴이 시려온다.

　산담은 허물어지고 망자가 영면할 공간도 변화하고 있다. 무덤의 석물도 필요 없게 되었다. 더 이상 동자석은 만들어지지 않을 것이다. 이제 그는 어디로 가야 할까. 그가 머무를 곳은 어디인가. 동자석은 어린이가 사라져 가는 오늘과 같은 세상을 오래전에 예견이라도 했던가 보다.

　유한한 인생길에서 살아갈 날이 많지 않다는 현실에 마음이 무거워진다. 죽음은 언제 찾아올지 모르는 일이다. 삶과 죽음은 다르지 않고 그 종착역은 죽음이다. 산다는 것은 마지막 인생 역을 향해 걸어가는 것이다. 삶의 완성은 죽음이고, 또 다른 세상의 문을 여는 일이다. 삶을 잘 살아간다면 죽음 또한 의연히 맞이할 수 있으리라. 오늘을 잘 살아내야 하는 이유이기도 하다.

영혼, 마음은 '나'의 근원이다. 바른 마음을 챙기는 것은 진정한 나를 찾는 일이다. '나는 누구인가, 어디서 와서 또 어디로 흘러가는가?'를 아는 것은 온전한 마음의 발견이다. 나를 알아가는 과정이고 성숙한 영혼을 키워 가는 여정이다. 몸뚱이는 살아갈수록 가뭇없이 쇠락해진다. 내 인생에 절대 올 것 같지 않았던 늙음이 서서히 다가서는 느낌이 든다. 평생 함께한 인생 외투를 벗을 때가 머지않았다. 육신의 맑은 영혼을 지켜낼 수 있게 가진 것을 내려놓고 마음을 비워 가벼이 버릴 수 있는 삶의 옷을 걸쳐야 한다. 삶의 마무리에 대한 자세를 되짚어 본다.

오름에서 만져보는 햇살과 들이마시는 자연의 소리는 충만감을 느끼게 한다. 마음의 소리에 귀 기울여 본다. 내 안의 나를 찾는 일이다. 오름은 오롯이 자신을 들여다볼 수 있는 쉼터이다. 오름을 오르는 이유이기도 하다. "호오_휘이이익" 휘파람새의 노랫소리가 사위의 정적을 깨트린다.

동자석童子石

나목 裸木

 영하 10도의 추운 날이다. 마지막 꽃샘추위이길 바라는 마음이다. 국립현대미술관으로 향한다. 덕수궁 돌담길에도 잿빛으로 겨울의 끝이 내려앉았다. 화단의 명자나무와 황매화와 화살나무는 아직도 여지없이 겨울을 품고 있다. 봄을 기다리는 나목이다.
 '박수근전'의 전시 기간이 얼마 남지 않아서인지 추운 날씨에도 관람객이 줄을 잇는다. 나이가 지긋한 어르신들이 여러 팀 보인다. 여느 전시보다 그들이 공감할 수 있는 부분이 많기 때문이다. 그들에게 살아온 세월의 깊이와 무게가 디딤돌이 되어 오늘을 사는 힘이 된 것이다. 예술을 즐기며 생활하고 자신의 삶을 관조하는 삶이 부럽다. 긴 줄에는 이번 전시를 감상하며 코로나19로 잃어버린 두 번의 봄을 다시 찾고 싶은 소망이 담겨 있다.
 〈고목(1961년)〉이란 작품 앞에 섰다. 세월을 품은 굵은 둥치와 앙상한 나뭇가지에 띄엄띄엄 연한 초록빛으로 잎을 표현했다. 잎은 무채색이 아닌 연두색으로 여린 희망과 설렘의 계절을 생동감 있게 그렸다. 나목은 봄을 기다리고 있다. 나뭇가지 사이사이에 피어 있는 흰 꽃은 박수근의 꿈이다. 그림을 감상하면서 나의 꿈도 그려 넣어 본다. 가족들이 무탈하게 현재 상황에서 맡은 일을 잘 해낼 수 있기를 바란다. 나이를 먹어가면서 꿈이 작고 소박해진다. 그저 나날의 무탈한 일상에 감사할 따름이다. 내 마음은 벌써 봄의 한가운데 서 있다.

고목은 생명의 순환 작용을 알고 있다. 해마다 반복되는 계절의 변화를, 겨울은 봄을 잉태하기 위한 숭고한 침묵의 시간임을 말해 준다. 무엇이든 영원히 지속되는 것은 없다는 것을 보여준다. 고목을 응시하며 마주하니 나무가 말을 걸어온다. 어둠이 지나면 밝은 날이 오듯이 모두가 바라는 세상이 열리고 행복한 날들을 맞이할 수 있다고 말해 준다.

무한한 생명력을 지닌 나무를 보면서 인생을 배운다. 한 자리에 서서 자연에 순응하며 인고의 세월을 지켜낸다. 높은 키와 너른 품을 지니고 서 있는 공간만큼 작은 식물들을 끌어안는다. 푸근한 모성을 느끼게 된다. 모진 풍파를 온전히 받아들이며 견뎌내는 강인함을 배운다. 기후 변화의 열악한 환경에서도 회피하지 않고 꿋꿋하게 뿌리를 내리고 선 고목은 자존감이 큰 것 같다.

웅숭깊은 고목이나 큰 바위에는 정령이 있다는 시어머니 말씀이 생각난다. 시어머니는 목신木神과 석신石神은 세상사의 길흉화복에도 영향을 준다고 했다. 오래된 나무나 큰 돌은 함부로 대하면

화를 입을 수 있다고 말하곤 했다. 시어머니는 매사에 정성을 들이는 일을 최우선으로 한다. 집안의 대소사에도 전통을 이어가려고 애쓰며 살아왔다. 나목처럼 헐벗은 시대를 묵묵히 살아오신 분이다. 시어머니처럼 삶에 정성을 기울이며 살아가는 분은 보기 힘들었다. 시어머니의 삶에 비하면 모든 면에서 부족함을 느끼게 된다. 고단한 삶이었지만 맏며느리로서 본분을 다하려고 노력했다. 책임감을 갖고 살아간다는 것은 정신적으로 힘든 삶이었다. 지내 온 세월은 회한이 남지만, 다시 그 시절로 돌아간다고 해도 그렇게 살았을 것 같다.

아파트 후문과 연결된 근린공원 어귀에 보호수로 지정된 팽나무가 있다. 수령이 사백여 년 된 노거수를 볼 때마다 고목이 품은 세월의 시간에 숙연해진다. 굵은 둥치에는 군데군데 커다란 옹이가 박제되어 있다. 크고 작은 상처를 견뎌낸 자국이다. 나무의 연륜을 과시하는 훈장처럼 느껴진다. 오랜 시간 이어온 세월의 흔적이다. 나무에서만 느낄 수 있는 생명력을 보여준다.

인간도 숱한 아픔을 치유하면서 성장한다. 고목은 겉으로는 껍질이 두꺼워지고 있지만 해마다 새로운 잎을 돋아낸다. 생명이 꿈틀대며 살아난다. 육체적 나이가 드는 일은 어찌할 수 없는 일이지만 여린 잎이 새봄을 기다리듯 나의 꿈도 그려볼 일이다.

팽나무를 보면 근린공원을 보듬는 어머니 나무라는 생각이 든다. 우람한 자태로 공원의 숲 전체를 포용하는 듯하다. 팽나무 앞에 서면 시어머니 말씀을 곱씹게 된다. 왠지 그냥 지나치면 안 될 것 같은 생각이 든다. 잠시 멈춰 서서 고목의 안녕을 빌곤 했다. 고목이 품는 신묘한 기운에 압도된다. 내 마음을 아는 것 같아 속절없이 시름을 내뱉어 본다. 고목을 대할 때마다 고작 백세 인생을 꿈꾸는 인간이 얼마나 나약한 존재인가를 깨닫게 된다.

박수근은 활동할 당시에는 인정받지 못하다가 작고 후 70년대 후반부터 명성을 얻게 된다. 정녕 인생은 짧고 예술은 긴 것인가. 덧없는 인생을 탓해 본다. 박수근은 고목을 그리며 봄을 기다렸지만 정작 찬란한 봄을 맞이하지 못한 채 세상을 떠났다. 안타까운 일이다.

박수근은 '정신적 추위'를 가장 두려워했다. 정신적 추위를 견뎌내는 것은 가난마저도 그의 창작 의지를 꺾을 수 없도록 치열하게 그림 그리기에 몰두하는 일이다. 그가 꿈꾸고 있는 봄은 무엇일까. 세상이 평온하고 정신적으로 안정된 삶을 사는 것, 행복한 가정을 이루는 것, 물질적으로 풍요로운 삶을 사는 것, 그가 무엇보다 바라던 것은 인간다운 삶을 화폭에 담는 일이었을 터이다.

그가 바라던 삶은 봄이 오는 것을 막지 못하듯이, 스스로 두려워했던 정신적 추위를 느끼지 않게 사는 것인지 모른다. 물질적 궁핍을 예술의 힘으로 견뎌낸 것에서 인간 승리를 본다. 어르신들도 박수근과 같은 시대를 살아왔기에 그와 다르지 않은 꿈을 소망했을 거라고 짐작해 본다.

나목裸木

봄은 희망을 걸어둔다. 봄은 계절의 시작이고 어김없이 반복된다. 희망은 긍정의 힘을 솟구치게 한다. 시작은 다시 일어날 수 있는 기대가 있어 좋다. 설렘과 꿈으로 오늘을 살아가는 힘을 충전한다. 내게 청춘의 봄은 다시 돌아올 수 없지만 해마다 찾아오는 봄이 있어 가슴이 벅차다. 끊임없이 순환하는 세월의 시계는 또 다른 봄을 선사한다.

여전히 밖은 춥다. 겨울을 품고 있는 화단의 나무에는 벌써 봄이 와 있다. 박수근은 가고 없지만 그가 남긴 그림에서는 늘 봄을 마주할 수 있다. 전시회를 나서는 관람객들의 가벼운 발걸음은 벌써 따뜻한 봄의 그림자로 빠져든다.

바람의 시간

　후텁지근한 여름날이다. 국립제주박물관에서 '〈세한도〉(다시 만난 추사와 제주)'를 마주했다. 계절에 걸맞지 않게 혹독한 겨울 바람 소리가 들리고 온몸에는 한기가 든다. 여름이 아닌 겨울이 전시실의 공간에 내려앉는다.

　관람하기 전, 프랑스 영화 제작자 겸 미디어 아트 작가인 장 줄리앙 푸스가 제작한 영상 〈세한의 시간〉이 펼쳐진다. 살을 에는 혹한의 바람 소리가 제주에서만 느낄 수 있는 바람의 절정을 각인시킨다. 바람은 추사 적거지謫居址를 휘감는다. 벽안의 영상 제작자는 〈세한도〉에 스며있는 추사 김정희의 심정을 이해하기 위해 예술혼을 불태웠으리라. 그것을 느끼기에 충분했다.

　국적과 문화와 인종이 달라도 삶에 대한 근원적인 생각은 다르지 않다. 서로 소통하고 마음을 움직이게 하는 것이 예술의 힘이다. 예술은 인류의 역사를 이어주는 위대한 힘을 보여준다. 예술은 사람 중심으로 귀환된다.

〈세한도〉에는 초라한 집 한 채와 고목 몇 그루가 전부다. 채색을 가하지 않고 먹색의 농담濃淡으로만 그렸다. 붓의 힘과 속도를 자유자재로 조절하며 소나무와 잣나무의 곧은 절개를 그려 넣었다. 붓이 느리게 지나갈 때 진하게, 빠르게 지나갈 때는 연하게 표현했다. 자신의 처지와 냉혹한 현실을 그림 속에 그대로 나타내어 거칠고 메마른 느낌마저 든다. 여백이 주는 황량함이 생의 고단함을 읽게 한다. 제자에 대한 고마운 마음은 물론 추사 자신의 생의 의지도 스며 있다.

추사는 바다 건너 낯선 땅, 고립된 공간 속에서 내 안의 나를 찾을 수밖에 없었다. 가혹하고 간절한 시간을 견뎌야 했다. 추사의 제자 이상적은 절해고도에 위리안치된 스승을 끝까지 받들었다. 믿음과 의리로 다져진 끈끈한 인연의 고리로 세파에 흔들리지 않고 한결같은 마음으로 스승을 섬겼다. 사람과 사람의 만남만큼 소중한 것이 있으랴. 생의 길에서 사람의 마음만큼 큰 힘이 되어주는 게 있을까. 그런 제자를 위한 노스승의 간절한 마음의 선물로 〈세한도〉가 탄생 되었다. 사제간의 깊은 정을 느낄 수 있는 그림이다. 추사의 후덕함과 인품의 향기가 감도는 문인화이다.

〈세한도〉에는 추사가 유배지에서 겪어온 생의 시간, '바람의 시간'이 스며 있다. 혹독한 바람이 휘몰아칠 때마다 추사의 가슴에는 휑하니 구멍이 뚫렸으리라. 뻥 뚫린 가슴을 후벼 파는 시원적始原的 바람인 듯싶다. 여백에는 추사 자신의 고독과 번민이 녹아 있다. 말로 다할 수 없는 고통을 견뎌내며 세상을 향한 소리 없는 외침과 그 심경을 담아냈다. 바람이 휩쓸고 간 자리에는 오랜 세월의 퇴적된 한恨이 서려 있다.

제주는 바람의 섬이다. 바람이 불지 않는 제주를 생각할 수 없다. 섬을 떠나 육지에서의 정체된 건조함을 마주할 때 그리운 바람이다. 피할 수 없는 바람을 마시며 생을 부둥켜안고 치열하게 살아온 제주인을 떠올려 본다. 조상 대대로 지켜온 삶의 터전이다. 모진 바람을 온몸으로 부딪히며 견뎌낸 그들의 강인한 정신력을 본받고 싶다.

바람은 생명의 생성과 소멸을 품는다. 인생을 시험하는 시련인지도 모른다. 한곳에 머무르지 않고 시공을 초월한다. 끊임없이 이동하면서 현재의 변화를 꿈꾼다. 바람은 소멸과 동시에 또 다른 생성을 알린다. 변화는 삶의 목표를 올바른 방향으로 돌리는 일이다. 작은 변화의 한 걸음이 훗날 자기 인생을 통째로 바꾸어 놓는 변곡점이 되기도 한다. 바람은 슬픔과 시련을 날려 보내고 꿈과 희망을 불러들인다. 생각의 각도를 이동시켜 주고, 지금보다 나아지려는 마음을 일렁이게 한다.

내 인생에도 황혼의 바람이 일렁인다. 세월을 달려오면서 모질고도 혹독한 바람이 쉼 없이 스쳐 지나갔다. 바람의 강도에 따라 삶의 상흔도 골을 이루었다. 연륜만큼 기나긴 바람의 시간이 흘러갔다. 그 시간을 잘 견뎌낸 덕분에 나의 오늘이 존재한다. 그 시간의 길이만큼 마음의 품이 넉넉해지고 푸근해졌을 것이다.

한 생을 살아가면서 많은 인연을 만나왔다. 살아가는 일은 누군가와 관계를 맺는 일이다. 관계를 맺는 일은 서로 사랑을 나누는 일이다. 사람과의 신의信義가 좋은 인연을 단단히 묶을 수 있다. 서로 의지하고 도움을 주고받으며 살아간다. 인연 맺은 사람들과 모든 것들과의 관계에서도 '세한歲寒의 시간'을 불러오기를 소망해 본다. 만났던 사람들에게서 잊고 지냈던 고마움과 아쉬움의 시간을 품어 살고 싶다.

애써 눌러온 그리움의 흔적을 보속의 거울로 떠올릴 수 있기를 염원해 본다. 사랑했던 사람, 이별했던 사람들과의 인연을 다시 불러들이고 싶다. 그들과의 만남의 시간이 내 인생의 화양연화였다. 이제 열정도 슬픔도 아껴야 할 시간이다. 남은 날들은 소소한 일상에서 살랑거리며 다가오는 봄바람과 같은 소중한 인연을 맞이하고 싶다. 내 안에 숨어 있는 작은 행복을 찾으면서 말이다.

모든 이들의 가슴에 담긴 시련과 아픔도 바람과 함께 모두 사라지기를 꿈꾸어 본다.

섬이 보이는 풍경

봄 햇살이 화창한 날이다. 남녘의 따스한 온기가 볼을 감싼다. 햇볕의 포근함이 어깨 위로 내려앉는다. 연둣빛을 품은 가로수들의 잰걸음은 초록의 시간을 향해 달린다. 날 것의 싱싱함을 떠올리며 푸른 계절이 다가오기를 기대해 본다.

완만한 한라산은 여인이 길게 누워 있는 모습이다. 북쪽에서 바라다보는 모습과는 확연히 다르다. 관능미마저 느끼게 된다. 그 앞에 펼쳐지는 어머니 품속 같은 바다의 윤슬이 곱다. 모든 것을 끌어안은 서귀포 앞바다는 천재 예술가에게 창작 활동의 시원적 장소였으리라. 침묵하는 한라산과 끊임없이 출렁이는 바다는 화가 이중섭에게 예술혼을 불태울 영감을 주었을 것이다. 번뜩이는 감성을 채근하는 온화한 날씨는 화가에게 창작열을 부추겼을 성싶다. 자연은 인간의 다양한 상상력을 자극한다. 예술가에게 자연보다 큰 영감을 줄 수 있는 것이 있을까.

서귀포 앞바다를 바라본다. 바다는 생의 길에서 견뎌야 할 시련과 고통을 온전히 받아들일 자세로 두 팔을 벌려 있다. 언제나 말이 없는 바다는 바라만 보아도 위안이 된다. 눈물이 흐르고 흘러 안착된 곳이 바다일 터다. 떨쳐버릴 수 없었던 시름을 바다 위로 날려 보낸다. 바다를 볼 때마다 어디론가 떠날 수 있다는 희망을 품게 된다. 바다 너머 미지의 세상을 갈망하기도 한다. 천재 화가도 그랬을 것이리라. 섬에서의 외로움과 고독과 떠나온 고향에의 진득한 그리움을 화폭에 담아냈다.

예술가의 삶을 이해한다는 것은 그의 작품을 감상하는 데 큰 단서가 된다. 모든 예술은 그 인간과 삶에 대한 이해로 귀환된다. 따뜻한 인간애가 담겨 있는 예술품을 마주할 때는 그 영혼의 울림에 빠져들게 된다. 어떤 향기보다 사람의 향기는 예술에 가장 깊게 오래 남아 있지 않을까.

섶섬과 문섬이 보인다. 처연히 바다에 떠 있는 섬 속의 외로운 섬이다. 이중섭 화가는 섶섬과 마을의 독특한 빛을 〈섶섬이 보이는 풍경〉 속에 거침없이 담아냈다. 한국 전쟁 시 폭격의 위험을 피해 월남해 새롭게 둥지를 튼 서귀포의 풍광을 따뜻한 색으로 표현했다. 희붐한 하늘과 고요한 바다와 침묵하는 섶섬, 온기를 품은 누런 색 초가지붕을 담았다. 인정이 스민 초가집에선 도란도란 이야기꽃이 한창 피어날 것만 같다. 자존감을 드러낸 나무들도 화폭에 조화롭게 제자리를 찾아 들어앉았다. 남국의 멋이 스민 그림이다. 그림만 보아도 안정감 있고 평화로워 보인다.

드넓은 서귀포 앞 바닷가에서 마음껏 놀고 있는 두 아들 태현, 태성이의 모습은 〈서귀포의 환상〉이라는 작품에 익살스럽게 표현했다. 따뜻한 날씨와 푸근한 인정과 꺼지지 않은 꿈을 주렁주렁 매달린 귤의 황금색으로 표현했다. 황금색은 찬란하다. 귤마다 품었던 화가의 꿈은 무엇일까. 개구쟁이 두 아들에 대한 사랑이 담긴 그림이다. 새를 탄 아이의 모습은 작은 꿈을 이루려는 붓 터치였다. 다소 환상적인 느낌마저 든다. 인간의 근원적인 부정父情이 소탈하게 담긴 화폭에서는 아버지로서의 화가의 모습을 마주할 수 있어서 좋았다. 사진첩 속의 얼굴이 퇴색될수록 생생하게 살아나는 것이 우리 시대의 아버지 얼굴이다. 그림 속에 녹아낸 인간적인 모습은 친정아버지를 소환한다.

유년의 아버지를 추억해 본다. 내가 이십 대 끝자락에 일찍감치 세상을 떠난 아버지는 큰 산처럼 느껴지기도 하고 때로는 한량없이 자애로웠다. 자식들에게 칭찬과 격려를 아끼지 않았고 꾸중과 질책도 서슴없이 했다. 직업 군인이었던 영향으로 절도 있고 강인한 정신력을 강조했다. 매사에 정직하고 신의를 지키며 살라고 가르쳤다. 그가 남긴 정신적 산물은 내 삶의 근간을 이루는 버팀목이 된다. 다시 읽는 경전의 가르침처럼 바르게 잘 살아내어야 한다고 동동거린다. 그 정신을 이어받아 험난한 인생길을 잘 견뎌내어 오늘을 살고 있다.

친정아버지는 태현이 아버지처럼 가족들을 위한 인정이 많았다. 퇴근길엔 달콤한 팥빵이나 전기구이 통닭을 사 오셔서, 온 가족이 간식을 나누는 즐거움이 쏠쏠했다. 주말 저녁에는 과일과 과자를 준비하고 가족 장기자랑을 하곤 했다. 추억을 엮어가기에 바빴다. 요즈음엔 볼 수 없는 즐거운 집의 풍경이었다. 그러면서 가족에 대한 따뜻한 사랑을 키우고 타인에 대한 배려와 양보를 알게 된 것 같다. 아버지로부터 받은 깊은 사랑을 알기에 그것을 실천하기 위해 애쓰고 있는지도 모른다. 옛날은 가고 없지만 그 시절의 온기는 가슴속에 꺼지지 않는 불씨로 남아 있다.

이중섭이 걸어가는 생의 길은 더욱 힘하고 고단했을 것이다. 화가로서 헐벗은 시대를 살아가야 하는 가장의 숙명과 함께 모든 일을 뜻대로 이룰 수 없는 현실의 절망에 부딪혔다. 정신적 외로움과 고독을 극복하기 위해 붓에 매달렸을 터이다. 간난에서 벗어나려고 일본 친정으로 간 가족에 대한 그리움을 작품 〈황소〉에 말 못하는 생의 답답함과 힘겨운 모습을 화폭에 담았다. 눈을 부릅뜨고 큰 한숨을 내뿜으며 포효하는 황소의 고뇌하는 표정은 영락없는 자신의 모습이다. 고된 삶을 살았던 소와 같은 삶의 갈등과 고통을 표현해냄으로써 화가 자신의 가슴속에 타오르는 가족애와 예술혼을 그려낸 것은 아닐까.

아버지가 돌아가신 나이가 되어서야 그의 어깨에 짊어진 삶의 무게가 녹록하지 않았음을 절감할 수 있었다. 아버지의 어깨가 좁아 보였던 이유이다. 아버지는 진급進級이 되지 않아 자신의 뜻을 이룰 수 없는 세상을 향해 술로 대신하기도 했다. 자신의 의지를 술의 언어로 표현했다. 술은 자기 위안이고 치유의 힘을 발휘한다. 그의 가슴속의 울분을 술로라도 달랠 수 있어서 다행이라는 생각도 하곤 했다.

아버지는 눈물을 흘리지 않는 분이었지만, 술잔에는 항상 눈물이 담겨 있었다. 어린 마음에도 아버지의 뒷모습이 안쓰러워 보였던 기억이 난다. 오늘따라 아버지가 유난히 그립다. 아버지가 가까이 계시지 않을까 두리번거리며 찾아본다. 먼저 떠난 아버지는 밤하늘의 별이 되어 어느 푸른 바닷가에서 나를 기다리고 있을 것이다.

미술관 옆 화가의 생가 정원에 흰색 은방울꽃이 피어 있다. 초록 잎과 흰 꽃의 선명한 대비가 되레 애련해 보인다. 가지 아래 작은 종 모양으로 쪼르르 매달려 있는 은방울꽃을 본다. 고개를 떨군 모습을 보니 하심下心의 소유자인가 보다. 은방울꽃 뒤에는 오래된 고목이 우람한 자태로 서 있다. 세월을 품은 당당함이 튼실해 보인다. 여리게 보이는 은방울꽃을 보듬는 게 역력하다. 고목에서 불우한 시대를 살아온 화가와 아버지의 사랑을 낚아낸다.

오늘도 섬이 보이는 풍경에서는 속정 깊은 아버지들과 자식들의 따뜻한 온기가 품어져 나오고 있다.

음악으로 봄을 안으며

조지 거쉬인G.Gershwin은 작곡가 겸 피아니스트이다. 그의 곡은 봄의 향기가 지천으로 자리를 잡은 오월에 영혼의 울림으로 다가온다.

작년부터 사십 년 지기 J와 매월 예술의 전당 '11시 콘서트'에 빠짐없이 참석했다. 여느 콘서트보다 예매비용이 저렴하고 전업주부의 여유로운 황금 시간대라는 게 마음이 끌렸다. 무엇보다 피아니스트 박종훈의 유려한 해설이 매력적이다. 게다가 마음을 나눌 수 있는 친구와 함께할 수 있어 설레는 기쁨을 만끽했다.

지휘자 최승환과 코리안심포니 오케스트라가 헨델, 거쉬인, 브루흐의 작품을 연주했다. 대부분 생소한 곡들이었다. 여고 시절 음악 시간에 감상했던 조지 거쉬인의 〈랩소디 인 블루Rhapsody in Blue〉 곡이 마음을 사로잡는다. 꿈 많던 여고 시절을 회억할 수 있는 곡이라 쾌재를 불렀다.

거쉬인은 미국의 흑인 음악에 클래식이나 행진곡의 요소를 섞은 재즈의 작곡 기교를 썼다. 미국의 통속적인 리듬과 서정적인 멜로디가 섞여 사람의 마음을 움직이게 하는 피아노 협주곡 형태로 작곡했다. 1924년 거쉬인이 피아노를 연주하고 재즈왕인 폴 화이트 먼이 지휘하는 악단에 의해 초연되었다. 클래식음악과 재즈적 요소를 결합한 새로운 시도가 돋보이는 작품이다.

원곡의 해석에 혼신을 다해 신들린 듯한 지휘자의 눈짓, 손짓, 몸짓, 표정에 넋을 잃었다. 지휘봉의 미려한 움직임에 따라 셈여림, 빠름과 느림의 소리가 악기의 부문별로 잘 어우러져 가슴의 울림으로 다가왔다. 전체적인 조화를 위해 음표 하나하나에 성심을 다하는 연주자들에게 찬사를 보낸다. 악기마다 내는 소리가 도드라짐 없이 서로를 감싸안은 듯 스미며 하나의 곡을 완성했다.

곡의 음악적 완성을 위해 마음을 불어넣는 지휘자의 모습에 경의를 표한다. 협연자인 피아니스트 박숙련의 가녀린 손가락 마디가 춤을 추는 것 같은 열정적인 연주였다. 그녀의 손끝에 자석이 붙어 있는 것처럼 보인다. 손가락이 움직일 때마다 영롱한 피아노 소리가 진한 감동으로 다가온다. 온몸에 전율이 흐를 만큼 음악 예술의 위대함이 느껴졌다.

말과 글이 아닌 소리의 언어 예술로 숨죽이며 몰입하는 객석의 청중들과 공감을 이뤄낸 순간이다. 음악은 마음을 담은 언어의 역할을 충분히 해냈다. 음악이 아름다운 이유는 사람과의 연결을 이어주는 것이다. 관현악단, 협연자, 지휘자, 청중이 하나가 되는 최상의 화음을 이룬 봄의 교향악이다. 악기의 부문별로 다르게 울리는 공명이 한데 어우러져 새로운 천상의 조화를 이뤄낸다.

음악이라는 예술은 인간이 지닌 무의식의 세계를 발굴하고 승화한다. 영혼의 울림이 마음의 온도를 품는다. 음악은 우리의 감정과 영혼을 안정되게 한다. 악성인 베토벤은 "음악은 운명을 극복하는 힘이다."라고 말했다. 이 순간의 행복이 영원으로 이어졌으면 좋겠다. 우리 삶도 타인에 대한 배려와 이해로 조화로운 세상이 되기를 소망해 본다.

클라리넷의 고상한 음색이 파격적인 고음으로 시작되는 〈랩소디 인 블루〉 곡은 도입 부분이 독특하다. 선명한 클라리넷 소리는 마치 흑인들의 애환을 가슴 밖으로 표출하는 느낌마저 든다. 그들이 아니고는 절감할 수 없는 음색이다. 둔중한 울림으로 옆구리를 누른다. 여고 1학년 음악 시간에 처음 듣고 느꼈던 경이로운 멜로디가 여태껏 각인되어 있다. 바흐, 베토벤, 모차르트와 같은 음악가만 어렴풋이 알고 있었던 우리에겐, 음악가 조지 거쉬인은 분명 낯설었지만 충격 또한 컸다.

연주회가 끝난 후 친구 J와 식사를 하며 여고 시절의 음악 시간을 떠올려 보았다. 음악실에서 선생님이 누르는 피아노 건반의 음을 듣고 그음을 오선지에 마음조이며 표시했던 청음聽音 시험을 치를 때는 당혹스러웠다. 익숙지 않은 시험 방식에 긴장되고 두려움이 앞섰다. 성악 시험은 부끄러움과 떨림의 대상이었다.

바로크 시대부터 현대까지의 음악사조音樂思潮를 아우르는 명곡을 감상했던 기억이 아련하다. K음악 선생님의 가르침이 이해하기 어렵고 힘들었다. 하지만 우리에게 때 묻지 않은 감성을 일깨워주었다. 비록 어설펐지만 음악에 대한 작은 상식을 쌓아간 시간이었다.

음악 시간에 감상했던 곡들을 연주회에서 마주할 때는 어렴풋이 옛 기억이 되살아난다. 명곡을 탄생시킨 작곡가의 인간적인 고뇌를 헤아리려고 애쓴다. 그들만의 남다른 사유와 깊은 감성은 음악적 영감을 일깨워 빼어난 곡을 완성하게 되었을 것이다. 그 당시 우리에게 서양 고전 음악을 가까이할 수 있게 애쓰시던 음악 선생님을 떠올리게 된다.

음악 선생님은 점심시간에 클래식 음악, 우리 가곡, 세계 민요를 교정에 울려 퍼지게 했다. 사춘기적 감성을 음악으로 잠재웠던 시간이다. 오월이 되면 더욱 생각나는 고마운 분이다. 오랜 세월이 흘러도 기억의 곳간에서 몽글몽글 피어나는 곡들이다. 아직도 대중가요보다 클래식 음악을 곁에 두게 되는 이유가 되었는지도 모른다. 세월이 갈수록 음악을 들으면 흐트러진 마음을 한데 모으고 영혼의 울림으로 행복하다.

미래를 향한 푸른 꿈을 욕심껏 품었던 여고 시절, 되돌아가고 싶은 그리운 시간이다. 풋풋했던 그 시절에만 누릴 수 있었던 소중한 추억이다. 뒤돌아본 세월은 늘 회한과 아쉬움에 잠긴다. 정겨웠던 동창들의 얼굴이 가물거린다. 살아온 세월의 무게만큼이나 중후한 중년의 모습들이겠지.

살아가면서 과거로의 회귀와 회상은 삶의 그리움과 위안이 된다. 삶을 성찰하고 자신의 소중함을 알게 되는 근원이다. 지난한 인생사일지라도 살아온 시간은 지금의 자신을 지탱해주는 든든한 버팀목이기도 하다. 더 나은 미래를 기대하며 잠시나마 느슨했던 의식의 끈을 단단히 묶어 본다.

인생의 봄이었던 여고 시절의 아련한 기억들은 일생의 가을의 문턱에 들어선 중년의 나에게 다시 피어나는 또 다른 봄을 선사한다. 콘서트에서 마주하는 조지 거쉬인의 〈랩소디 인 블루〉와 함께 말이다.

킨린코 호수에 남겨진 소망

　따뜻한 마을 유후인湯布院은 일본 북큐슈 오이타현 중앙분지에 자리한 온천 휴양지이다. 목조로 나지막이 지어진 역은 소박하면서도 자연 친화적이다. 왕복 이차선 도로 양쪽으로 즐비하게 서 있는 골목 상점들은 과거의 시간이 머문 듯하다. 고즈넉한 동화 속의 아기자기한 소품, 토속적인 고유한 멋을 입힌 토산품, 일본 냄새가 물씬 풍기는 기념품이 정감 있다. 우리와 비슷한 정서가 낯설지 않고 편안했다.

　비에 젖으면 벚꽃 문양이 선명해지는 벚꽃 우산을 샀다. 상품 하나에도 일본다움을 드러냈다. 옛것을 그대로 간직하려는 그들의 정신이 곳곳에 스며있다. 모국어로 대화하는 소리가 자근자근 들린다. 한국인이 선호하는 여행지임을 알 수 있다. 그들과 동질감을 느끼며 서로 정겨운 눈빛으로 인사를 나눈다. 이국의 여행지에서 한민족을 만나니 괜스레 울컥했다.

　길거리에서 별미의 당고(흑만쥬), 젠자이(일본식 단팥죽), 킨쇼 코로케(금상 수상 코로케), 원조적인 맛이 강한 녹차 아이스크림을 먹는 것이 여행의 쏠쏠한 재미다. 간식의 달달함이 여행의 행복지수를 높인다. 먹는 즐거움에 푹 빠져 다이어트는 이미 뒷전이다. 단맛을 좋아하는 일본인들은 말이 없어도 달콤함 속에서 그 친절이 배어 나오는 게 아닌가 싶다.

오랜만에 온 가족이 함께 떠나는 여행이다. 시·공간을 공유하기에 말 없는 사랑과 끈끈한 정을 나눈다. 서로를 생각하는 마음이 얼마나 깊은지 새삼 느껴진다. 함께한 시간의 양보다는 그것을 엮어가는 의미가 소중하다. 순간순간의 작은 기쁨이 행복을 키워가는 소리로 들린다. 사랑과 행복은 마음을 쏟는 만큼 한없이 커지는 마력이 있다. 살아가게 하는 이유를 떠올리게 된다.

결혼 후, 서른두 해라는 짧지 않은 세월의 인생 옷을 입었다. 살아가면서 겪어야 할 고통과 시련을 지혜롭게 이겨내라고 한다. 사람과 관계에서도 푸근한 마음을 품어 성숙한 인품을 배우라고 한다. 연륜만큼 농익지 못한 자신을 책망해 본다. 켜켜이 쌓여가는 피할 수 없는 온갖 시름을 물안개가 자욱한 잔물결 속으로 내던진다. 삶은 시련과 고통의 연속이지만 조금이나마 편안함을 기대하면서 말이다.

이곳 어디에서나 볼 수 있는 유후다케 활화산은 마을 전체를 품어 안은 어머니 같은 산이다. 태초 이래 마을의 모든 사연을 오롯이 품은 수호신 같다. 동쪽과 서쪽 봉우리 두 개로 정상이 이루어져서 마을을 포근히 감싸안은 듯하다. 어머니가 자식을 품어 안은 모습이다. 저절로 포근해지는 느낌이다. 유후다케산은 작은 시골 마을을 사랑받는 온천 휴양지로 기꺼이 내어 준 고마운 산이다.

이른 아침의 킨린코 호수는 산이 내려 준 고귀한 선물이다. 뜨거운 온천수와 차가운 지하수가 만들어낸 자욱한 물안개는 몽환적인 분위기를 자아낸다. 크지 않은 호수여서 물안개의 농도는 짙다. 코끝을 휘감는 안개 냄새가 태곳적 신비를 느끼게 한다. 이곳은 용이 사는 호수라고 불릴 만큼 기이한 생각이 든다. 깊은 산 속에서 마주했던 숲의 향기가 솔솔 감기는 안개와는 사뭇 다르다. 이방인다운 감상에 젖었다. 물안개에 젖어 피부가 보습제를 뿌린 것처럼 촉촉하고 보드랍다. 아침때여서 호수의 이름에 걸맞은 금빛으로 보이는 물고기는 수면 위로 뛰어오르는 모습을 볼 수 없어서 아쉽다.

세속적 목표를 향한 욕심이 끝없는 걱정과 번뇌를 낳게 한다. 보고 듣는 것이 많아질수록 욕심의 무게는 비례하는 듯싶다. 모든 것을 훌훌 털어내는 연습이 필요하리라. 번뇌는 마음으로부터 오는 것, 그 마음의 주인은 바로 자신이다. 혜안慧眼으로 마음을 읽고 다스릴 줄 알아야 하는데 쉽지 않다. 세월이 가면 나아질까. 내 안에 숨어 있는 소리에 귀 기울이고 내면의 정원을 끊임없이 가꾸어야 할 일이다.

수면 위에 작은 도리이(鳥居;신사의 입구)를 띄운 호수 기슭의 텐소 신사에서 가족의 건강과 행복을 발원했다. 소박한 바람을 염원하게 되는 걸 보니 나이가 드나보다. 무탈하게 순간순간 하루하루를 잘 살아내기를 바랄 뿐이다. 크게 욕심내지 않고 살아가면 삶도 그만큼 평온해질 것이다. 지내온 시간만큼 몸과 마음이 평안하며 서로에게 살아가는 의미를 부여할 수 있기를…. 사람마다 방법과 형식은 달라도 소원하는 그 마음이야 어찌 다를 수 있으랴. 이곳을 찾는 여행자들의 한恨과 작은 소망과 기대를 한없이 받아들일 자세로 텐소 신사는 서 있다.

  신사 옆 굵은 동아줄이 여러 겹으로 휘감긴 수령이 지긋한 고목은 품은 세월만큼 묘한 기운이 감도는 듯하다. 정령精靈이 깃든 오래된 나무는 킨린코 호수와 텐소 신사를 보듬는 강한 기운을 내뿜는다. 깊은 영혼을 품은 고목을 향해 합장하며 절을 했다. 신령스러운 좋은 기운을 받아 발원한 일들이 모두 이루어질 것만 같다.

  오래전에 남편과 함께 갔었던 로마의 '트레비 분수'에서 동전을 던지며 다시 올 것을 기약했듯이, 머지않아 이곳에 다시 올 것을 간절히 바라며 킨린코 호수를 뒤로한다. 그때쯤 두 딸의 짝들도 함께할 수 있으면 좋겠다. 남편의 환갑을 맞아 소중한 시간을 마련해 준 큰딸의 넉넉한 마음을 닮은 새 식구를 가슴속에 품어 본다.

매듭과 공존의 윤리
-강연희의 수필 세계

허상문(문학평론가, 영남대 명예교수)

1. 공동체적 상상력의 삶과 문학

수필가 강연희가 수필집 『매듭』을 상재한다. 이 글을 쓰기 위해서 수필집을 정독하면서 필자가 받은 일차적인 인상은 삶과 세상, 그리고 자연에 대한 작가의 태도가 여느 작가보다 진지하고 성실하다는 것이었다. 오늘날 끝없이 질주해 가는 현대 세계의 욕망 구조 속에서 우리는 온갖 부조리와 위선에 휩싸여 살아가고 있다. 또한 자본과 기술문명의 논리에 따라 자연에 대한 무차별한 파괴와 착취는 당연한 것이 되고 있으며, 인간의 사회적 관계는 적의에 가득 찬 긴장 관계로 이루어져 있다. 이런 상황에서 우리에게 정직함이나 인간다움을 가능케 하는 삶의 정신적 · 미적 차원은 상실되어 가고 있다. 그럼으로써 현대적 삶의 양태는 인간다운 공동체적 삶의 모습을 상실하고 있다.

사회적 구성원으로서 인간은 공동체 안에서 건전한 관계로 이어지기 위한 사회적 참여와 보편적 사고를 지녀야 한다. 그럼으로써 인간은 삶의 과정에서 타자와 세상과의 올바른 관계를 위해 다양한 형태의 매듭을 형성하게 된다. 세상 만물과의 관계란 매듭으로 이어지지 않는 것이 없으며, 존재하는 모든 것은 매듭에 의한 관계로 연결되어 있다. 인간과 세상으로 이어진 매듭은 상호작용하며 영향을 주고받는다. 그런 의미에서 우리의 삶은 독자적인 것이 아니다. 사람들뿐만 아니라 세상은 매듭으로 이어져 공동체적 관계를 이루며 살아간다. 인간은 공동체적 삶의 관계 속에서 서로의 정체성을 정립해 나간다. 그러한 관계를 이루기 위하여 작가는 자아 성찰을 거듭하면서 언어를 통한 화해와 조화를 이루는 사유를 거듭하게 된다.

강연희 수필 전반에 흐르는 섬세한 감정과 생동감 있는 언어는 젖혀두고서라도, 그의 수필이 안고 있는 가장 큰 미덕은 이 세상에서 우리가 간직해야 할 삶의 태도와 가치가 어떠해야 할 것인가를 통찰하고 있다는 사실이다. 이는 인간과 세상, 인간과 자연의 관계가 어떻게 정립되어야 할 것인가를 진지하게 고민하고 있다는 사실에 다름 아니다. 이러한 고민은 풍부한 인생 경험과 깊은 삶의 철리를 담고 이루어지는 것이어서 강연희의 수필은 읽을수록 우리에게 새로운 삶의 의미를 터득게 한다. 특히 이러한 과정에서 작가가 무엇보다 강조하는 것은 인간과 세상, 인간과 자연이 이루어야 할 공동체적 삶의 모습에 대한 주목이다. 작가는 "사람과 사람, 사람과 일,

사람과 자연 사이의 관계는 모두 삶의 실타래이자 하나의 매듭입니다. 잘 묶인 매듭은 단단한 연대가 되지만, 잘못 묶인 매듭은 때때로 인생을 송두리째 흔들기도 합니다. 풀리지 않는 관계의 매듭은 오래도록 가슴에 남아 상처를 만듭니다."(「책을 펴내며」)라고 말한다. 작가는 수필 「매듭」에서 매듭의 중요성을 더욱 구체적으로 말한다.

세상살이는 만물과 사람들과의 관계 맺음이다. 인간과 인간, 인간과 일과의 관계 맺음으로 세상과 우주가 만들어진다. 관계 맺음이란 연결 고리로 이어지는 또 다른 매듭이다. 살아가면서 사람과 일에 매듭을 풀고 묶는 것은 수없이 겪게 되는 일이다. 매듭은 자신이 낀 안경 너머로 본 세상의 이치를 판단하는 기준일지도 모른다. 부질없는 가치로 매듭을 잘못 묶거나 풀 때는 인생이 송두리째 흔들릴 경우도 있다. 특히 사람과의 관계에서 잘못된 매듭은 가슴에 응어리가 되어 다시 돌이킬 수 없는 상황을 만들기도 한다.

-「매듭」에서

인간과 인간, 인간과 일과의 관계 맺음으로 세상과 우주가 만들어지고, 이런 관계 맺음이 인생과 세상의 질서를 만드는 것이라는 작가의 발언은 오늘날 삶의 상황을 적절히 반영해 주는 것이다. 수필집의 제목을 '매듭'이라고 한 이유도 여기에 있다고 한다. "언제나 다시 찾아오는 내일과, 어딘가로 지나가는 바람과, 잊혀가는 이름과 하나의 '매듭'으로 맺어지고 싶었습니다. 그리고 절망을 희망으로 바꿔주는 햇빛을 위해, 인생에서 나의 모든 것을 구원해 줄 문학을 위해 계속해서 매듭을 지을 것"(「책을 펴내며」)이라고 작가는 다짐한다. 이렇게 강연희의 수필은 텍스트 자체가 인간과 인간, 인간과 세상 사이의 관계를 은밀하게 재창조하고자 한다. 따라서 그의 텍스트는 인간과 세상 사이 경계의 문턱을 전복시키고 새로운 관계를 복원하고자 하는 구조를 지니고 있다. 서로 손을 잡고 매듭을 만들고 그를 통하여 인간은 재조직되어 세상과 자연과의 관계를 새롭게 만들고자 한다.

따라서 강연희의 수필을 음미하노라면 삶의 지혜와 이치를 깨닫고 자신을 새롭게 성찰하는 계기를 맞게 된다. 강연희 수필에서 매듭은 공동체적 삶의 윤리를 위한 작가의 소망을 보여주는 것이며, 이는 곧 문학에서의 인간주의의 복원을 의미하는 것이다. 또한 이는 곧 일상성과 개인성에 함몰된 우리 수필 문학이 이루어야 할 진정한 존재가치라고 할 수 있다.

2. 인간과 세상의 공존

철학자 헤겔은 인간적인 성숙과 자기실현에 필수적인 자질은 자기를 넘어 다른 대상을 수용할 수 있는 정신적 개방성을 획득하는 것이라고 강조한 바 있다. 마찬가지로 문학의 힘은 이 세상과 인간에 대한 깊고 넓은 사유와 진정성을 보임으로써 새로운 세상과 자아를 대면하게 된다. 진정한 문학적 사유의 본질에는 어떠한 인공적 조작물로 대체할 수 없는 우주와 세계의 근원에 대한 동경과 인식이 내재해 있는 것이다. 모름지기 작가는 바로 이런 근원적인 아름다움에 예민하게 반응하면서 이 세상과 인간의 진실된 모습을 보여주기 위해 헌신하는 사람들이라 할 수 있다.

강연희의 수필 세계는 현재와 과거의 경계를 넘어서는 보편적인 인간 실존과 세상의 문제들을 조용하고 아름답게 보여주고 있다. 그의 수필은 현란하고 정교하게 가공된 아름다움보다 단순미와 절제미가 그의 작품의 특징을 이룬다. 그의 수필에는 세상과 인간에 대한 요란한 수사와 교훈도 없지만, 그의 수필을 읽다 보면 때로 침묵과 절제가 영혼을 더 풍요롭게 만든다는 사실을 느끼게 된다.

오늘날과 같이 온갖 소음과 번잡이 지배하는 현대 사회에서 인간과 사물의 존재성은 침묵 속에서 더욱 강렬해질 수 있다는 사실을 강연희의 수필 세계는 실증적으로 보여준다. 이를테면 작가의 수필 쓰기에서 가장 중요한 태도는 다음과 같은 발언에서 잘 드러난다. "글을 쓴다는 것은 자연과 일상 속에서 나를 찾아가는 일이었습니다. '나는 어떻게 살아가야 할 것인가'라는 질문 앞에 자주 멈추었습니다. 수필을 쓰는 시간은 삶을 성찰하고 마음을 다잡는 시간이었습니다. 고요와 균형을 회복하는 시간이었습니다. 글을 통해 인생과 세상의 모습을 다시 마주 보고자 했습니다"(「책을 펴내며」). 실제 작가의 발언대로 우리의 삶에서 무엇보다 중요한 것은 '고요와 균형을 회복하는 시간'인지도 모른다. 이러한 고요와 균형의 시간은 작가에게 생득적 체험에 의한 것이라 할 수 있다. 제주는 일 년에 몇 차례 외로운 섬이 된다. 태풍이 빈번한 여름철과 폭설이 내리는 겨울철에 절해고도가 되고 강풍과 돌풍의 영향으로 하늘길과 바닷길이 막혀 침묵하는 섬이 되어 버린다. 사람들은 뭍을 향한 그리움만 가슴에 사무친다. 바다 너머로 내달리고 싶은 간절한 소망을 품곤 하지만 사람들은 외로움과 그리움을 가슴속에 꼭꼭 담아 두어야 했다.

바람은 머무르지 않고 끝없이 이동하며 변화를 이끌어낸다. 변화는 사람들의 생각의 방향을 바꾸고 사유의 깊이를 만드는 힘이 된다. 오늘보다는 나은 내일을 꿈꾸게 한다. 인생은 제주의 거친 맞바람을 마주하고 걸어가는 일이다. 예측할 수 없는 시련과 고통은 혹독한 바람으로 다가온다. 삶은 끊임없이 휘몰아치는 바람 앞에서 고난을 딛고 일어설 수 있는 지혜를 찾아가는 일인지도 모른다. 살아가면서 감내하기 힘든 바람을 이겨 낼 때마다 조금씩 너른 품을 지니게 된다.

-「바람의 섬」에서

강연희의 수필은 우리 삶의 경험들이 얼마나 많은 아픔과 슬픔으로 가득 차 있으며 감춰진 고뇌들이 얼마나 많은가를 되돌아 볼 수 있게 한다. 눈앞에서 보이는 일상의 현실은 우리에게 항상 중요한 것이다. 그러나 우리들이 이성과 논리로 파악할 수 없는 세계의 이면을 응시하는 과정에서 존재의 심연은 또 다른 모습으로 떠오르게 된다. 세계를 응시하는 마음에는 일차적으로 세계의 만물을 사랑하는 마음이 담겨있다. 이것은 곧 세상의 만물과 공존하고자 하는 작가의 심성을 드러내는 것이다.

    반닫이는 속정을 내색하지 않는 제주 여인의 은근한 마음이 배어 있는 듯하다. 험난한 세상사로 표출되는 형형색색의 감정을 마음속 깊이 삭이는 여인네의 모습이 보인다. 반닫이에는 외할머니와 친정어머니와 나의 한숨과 눈물과 기쁨이 둔중하게 스며있다. 반닫이의 무게보다 무거운 침묵이 내려앉는다. 침묵은 남은 생을 잘 살아내기 위한 결연한 의지이다.

-「반닫이와의 인연」

    세상이 빠르게 변하고 있다. 옛 물건들도 우리 곁에서 사라지고 있다. 현재는 과거의 영속된 시간에서 영글어 간다. 미래는 현재의 시간이 축적된 산물이다. 지켜야 하는 것들은 겉으로 드러나지 않아도 본질은 변하지 않는다. 본연의 아름다운 가치를 지니고 있다. 잊히고 사라져 가는 소중한 것들을 찾아내고 지켜야 하는 이유이다. 귀한 것일수록 쉬이 보이지 않는다. 물건마다 지닌 고유한 천성과 품은 향기가 다르다. 옛것을 바로 알고 그 숨겨진 숨결에 스미고 싶다.

-「갓을 품다」

위에서 예시한 두 작품에서처럼 작가의 눈에는 세상의 만물이 가시적 대상을 넘어 공존의 대상이 된다. 그리하여 한낱 작은 나무 인형이 내 감정의 바로미터barometer가 되기도 하고(「천사 인형」), 손난로를 통하여 황량한 세상살이에 힘겨워하는 남편에게 온기를 불어넣어 주는 사람이 되고 싶기도 하고(「손난로」), 궤 안에는 인생의 빛과 어둠, 행복과 불행, 기쁨과 슬픔이 혼재되어 있는 것을 본다(「궤를 열며」). 이들 외에도 작가가 사랑과 관심으로 주목하는 대상은 '촛농', '시계', '동자석' 등 수없이 많다. 이들은 모두 세상과 자연에 대한 작가의 깊은 친화를 보여주는 상징물들이다.

작가는 만나는 사물들을 세상과의 공존적 인식을 통하여 내면 깊숙이 교감하는 존재로 재탄생시킨다. 말하자면 강연희가 만나는 대상은 인간과 사물, 사물과 사물 사이의 소외와 분별을 무너뜨리는 상상력의 힘으로 다시 태어난다. 그의 수필에서 사물은 관념적인 명제로 박제剝製되는 것이 아니라, 그것들은 생명의 탄력을 지닌 관성으로 부활하게 되는 것이다. 그의 수필 언어는 현대 사회에서 상처

받은 인간과 사물에 꿈을 돌려주는 공동체적 에너지이며, 고통과 절망을 다시 순수하게 살아나게 만드는 힘으로 작용한다.

　강연희 수필에서 작가가 무엇보다 슬퍼하는 것은 우리 시대에 사라져 가는 공동체적 삶의 상실이다. 작가는 오랫동안 삶의 매듭으로 이어져 온 공동체적 삶의 조화와 유대의 아름다운 모습이 상실되어 감을 슬퍼한다. 그러한 공동체의 삶이 파괴되고 사라진 '부재'의 상황에서 그것이 얼마나 갈망의 대상인지를 부각시키고자 한다. 이런 현상은 바로 오늘날의 세상에 건강한 삶의 유대를 가져오기 위해서 공동체적 삶의 의미와 질서가 무엇보다 필요한 것이라는 사실을 문학적으로 표현하고자 하는 작가정신의 결과라고 할 수 있다. 작가는 이러한 공동체적 삶의 모습을 풍요롭고 자족적인 공간으로서 인간과 자연의 관계에서도 재현하고자 한다.

3. 인간과 자연의 공존

　강연희의 문학은 크게 보아 자연에 대한 깊은 사랑에서 출발하고 있다. 그의 작품을 읽으면 우리는 자연에 대한 작가의 인식이 언제나 순정한 서정을 바탕으로 하고 있다는 사실을 쉽게 주목할 수 있다. 작가의 이러한 서정은 자연의 모든 대상과의 깊은 교감으로 인해 가능한 것이다. 이것은 우리의 삶을 지배하고 있는 기술과 자본의 욕망에서 벗어나고자 하는 작가의 심성, 이를테면 자연의 아름다움과 순수함을 수용함으로 얻은 결실이라 할 수 있다. 그리하여 작가에게 자연은 곧 삶의 지혜를 주는 가르침의 대상이 된다.

낙엽에서 인생을 배운다. 낙엽은 나무가 혹독한 겨울을 이겨내기 위해 잎자루나 잎몸의 기부에 이층離層이라는 특수한 세포층이 형성되면서 떨어지는 잎이다. 저 스스로는 나무에서 떨어지지만 새순을 움트기 위해 묵직한 침묵의 시간을 갖는 것이다. 낙엽을 보면 자신을 희생하여 나무를 이롭게 하는 모습을 느끼게 된다. 낙엽은 나무 몸통의 중심부인 심재心材를 튼튼하고 강하게 만들기 위해 단풍의 절정을 온몸으로 내뿜다 떨어지는 잎이다. 나무의 생존을 위해 끊임없이 반복되는 순환 작용이다. 낙엽을 보며 생명의 탄생과 소멸의 순환을 느낀다.

-「이층離層」에서

낙엽에서 인생을 배우고자 하는 작가의 태도는 자연의 크고 작은 모든 대상에 대하여 온 마음으로 느끼고 사랑하고자 하는 마음이다. 이런 작가의 마음은 여름에 꽃을 피우기 위해 기나긴 시간을 침묵하는 배롱나무를 통해서 '하심下心'을 배우거나(「배롱나무를 품다」), 한참 뛰어다닐 동자가 온종일 망자와 함께 숙연한 자태로 서 있는 기구한 운명을 통해 돌의 영원성과 유한성을 배우고자 하는 태도에서 더욱 두드러지게 나타난다(「동자석童子石」). 삶과 세상에 대한 작